Dr. med. vet. Gerd Heuschmann

MEIN PFERD
HAT DIE NASE VORN!

IN DER KINDERHAND VON **HEUTE**
LIEGT DAS PFERDEGLÜCK VON **MORGEN**

Illustriert von Katharina Rücker-Weininger

WuWei
V E R L A G

INHALTSVERZEICHNIS

KAPITEL 5 - DIE AUSBILDUNG VON PFERDEN

KAPITEL 6 - DU UND DEIN PFERD

EINLEITUNG

*In der Entstehungs-
phase dieses Buches
wurde es für uns
immer deutlicher,
dass wir eine Haupt-
person brauchen,
die euch zeigt, wie
eure Ponys und
Pferde die Nase
vorn haben können.
Wir brauchten ein
Mädchen, das sich
bereits auf diesem
Weg befindet.
Gerd Heuschmann
war begeistert, als
die Illustratorin
(das ist diejenige,
die die Bilder in
diesem Buch für
euch gemalt hat)
ihm Luise Foris vor-
schlug. Luise ist so
ein Mädchen, sie
macht natürlich
noch Fehler und
nicht alles ist so per-
fekt, wie sie selbst
es gerne hätte, aber
bei ihr kommt das
Wohl ihrer Ponys an
erster Stelle und das
Reiten zur Kunst zu
erheben, das ist ihr
großer Traum...*

Es gibt in Deutschland mehr als eine Million Pferde und Ponys. Mehr als 1,6 Millionen Menschen reiten oder voltigieren. Noch mehr Menschen mögen Pferde und interessieren sich für sie: laut Umfragen gibt es ungefähr 11 Millionen pferdeinteressierte Menschen. Mit Pferden wird viel Geld verdient: Etwa 5 Milliarden Euro Umsatz machen Pferdezüchter, Händler, Zubehörhersteller und viele andere mit Pferden.

Das ist unglaublich viel Geld! Es gibt Menschen, die beschäftigen sich nur mit Pferden, um damit Geld zu verdienen oder um auf Turnieren erfolgreich zu sein.

Manchmal wird das Gewinnen dabei wichtiger als die Liebe zum Pferd. Dann werden Pferde oft schlecht und zu schnell ausgebildet und völlig falsch geritten. Ihnen werden die Köpfe herunter gezogen, in der Hoffnung, damit schnelle Erfolge feiern zu können.

Eine andere Gruppe von Reitern reitet nur zur Freizeitgestaltung und zur Freude. Dort werden viele Fehler bei der Haltung, Fütterung und Ausbildung gemacht. Unwissenheit ist der Hauptgrund dafür.

LIES WEITER UND SEI DABEI!

LIEBE LESERINNEN, LIEBE LESER,

„Mein Pferd hat die Nase vorn!" ist ein Satz, in dem viele wichtige Aussagen stecken. Die Wichtigste ist natürlich die, dass wir unsere Pferde nur gut ausbilden können, wenn sie wirklich konsequent ihre Nase vor der Senkrechten tragen.

*Der Tierarzt,
der für die
Pferde spricht.*

Schaffst Du es, Dein Pferd so zu reiten, dann kannst Du auch im Wettkampf mit einem gesunden Pferd die Nase vorn haben. Aber alles, was wir bisher angesprochen haben, funktioniert nur, wenn Dein Pferd bei Dir die Nase vorn hat, was bedeutet, dass Du Dein Pferd wirklich respektieren und lieb haben musst. Ansonsten wird Dein Pferd zum Sklaven.

Ich versuche Euch in diesem Buch ein paar Gedanken zu vermitteln, die als unumstößliches Fundament für gutes Reiten gelten. Egal ob Du nur zu Deinem Vergnügen im Gelände, auf einem Turnier über Hindernisse oder im Dressurviereck reiten möchtest.

Wenn ihr Euch wirklich ernsthaft mit Pferdeausbildung beschäftigen möchtet, wird das für viele von Euch eine Leidenschaft für Euer ganzes Leben. Ich kann Euch aus meiner Erfahrung sagen, bleibt immer freundliche, offene, liebevolle Menschen und versucht Euch soviel Wissen rund ums Pferd anzueignen, wie Ihr nur könnt.

Es lohnt sich der Blick über den Tellerrand zu anderen Disziplinen, anderen Reitweisen und anderen Ausbildungsphilosophien. Die Suche nach dem schönsten, leichtesten und pferdegerechtesten Ausbildungsweg ist eine Lebensaufgabe – eine der schönsten, die es gibt.

Euer

*Mein Pony
freut sich,
mit mir
zum Turnier
zu fahren.*

K

KAPITEL 1

FINGER IN DER WUNDE

EIN BLICK HINTER DIE KULISSEN

Mit Pferden wird viel Geld verdient und daran sind eine Menge Menschen beteiligt. Nicht alle diese Menschen behandeln Pferde wirklich gut:

- einige Reiter reiten ihre Pferde grob und rücksichtslos, um Turniererfolge zu feiern,

- es gibt ein paar Züchter, die ganz schnell Geld verdienen wollen, und deshalb junge Pferde sehr früh und schnell anreiten,

  - und es gibt unter den Turnierrichtern solche, die grob ausgebildete Pferde gewinnen lassen.

Damit schaden diese Menschen den Pferden. Lies die nächsten Seiten und du verstehst, warum wir vieles verändern müssen.

Lob ist die wichtigste Lernhilfe für dein Pferd.

Auch wenn das Pferd sich von hinten noch etwas mehr schließen sollte, geht es in schöner Selbsthaltung mit der Nase vor der Senkrechten.

Es gibt in Deutschland etwa 1,6 Millionen Reiter (einschließlich der Jugendlichen bis 14 Jahren). So viele Menschen reiten regelmäßig auf eigenen oder fremden Pferden. Einige von ihnen reiten besser, andere schlechter, die meisten von ihnen sind bemüht, gut mit ihren Pferden umzugehen.

Fast alle diese Reiter und Reiterinnen reiten, voltigieren oder fahren mit ihren Pferden in ihrer Freizeit. Viele Reiter sind Mitglied in einem Reitverein, welcher der Deutschen Reiterlichen Vereinigung (FN) angeschlossen ist.

Es gibt so viele verschiedene Gebisse. Am wichtigsten für dein Pferd ist aber wie es damit geritten wird. Darum achte immer auf eine gefühlvolle Hand!

Zwei Freunde nach der Arbeit.

DIE FREIZEITREITER

Die Reiter, die nicht in einem FN-nahen-Verein sind und nicht an FN-Reitturnieren teilnehmen, werden meistens als Freizeitreiter bezeichnet. Das sind Reiter, die nicht auf Dressur- oder Springturnieren starten. Viele von ihnen reiten überwiegend ins Gelände, andere reiten Dressur nach den Vorgaben der spanischen, portugiesischen oder französischen Lehre. Ihre Vorbilder sind sogenannte klassische Reitlehren, wie sie zum Beispiel Baucher und De la Guérinière veröffentlicht haben.

Die meisten Freizeitreiter bemühen sich um eine pferdefreundliche Ausbildung. In diesem Sektor gibt es sehr viele wenig qualifizierte Reitlehrer, weil sie selbst keine gute Ausbildung erfahren haben. So lässt sich im Moment nicht immer beurteilen, inwiefern ihre Ausbildungsmethoden pferdefreundlich sind.

Die Reiter selbst wollen ihren Pferden keinen Schaden zufügen. Sie mögen Pferde gern und bemühen sich, möglichst pferdegerecht zu reiten. Wenn sie dabei Fehler machen, dann nicht, weil sie ihrem Pferd schaden wollen, sondern weil sie nicht über alles Bescheid wissen, was ihr Pferd braucht. Viele dieser Reiter wissen nicht, wie und wo sie sich fortbilden können.

WER IST BAUCHER?

Francois Baucher (1796-1873) war Franzose und hat eine neue Reitlehre mit Namen „Methoden der Reitkunst nach neuen Grundsätzen" veröffentlicht und damit die vorherrschenden Reitauffassungen seiner Zeit ziemlich auf den Kopf gestellt. Bauchers Methoden waren und sind bis heute umstritten, da viele seinen Ansatz des feinen Reitens in Leichtigkeit nicht richtig verstanden haben. Baucher legte großen Wert auf die feine und weiche Einwirkung auf das Pferd und erfand spezielle Dehnungsübungen, um das Pferd von Verspannungen zu befreien. Werden diese Übungen aber falsch und übertrieben angewendet, können sie dem Pferd auch schaden. Zudem sagen seine Kritiker, dass seine Pferde nicht über den Rücken gingen.

Oft wird der Sperrriemen zu eng verschnallt und behindert so das Pferd beim Kauen. In vielen Fällen kann man ihn weglassen oder wenigstens ganz locker verschnallen.

WER IST DE LA GUÉRINIÈRE?

François Robichon de la Guérinière lebte von 1688 bis 1751 und hat den noch heute üblichen Reitersitz erfunden. Seine gewaltfreie Ausbildungslehre „Ecole de Cavalerie" beschreibt die systematische Ausbildung des Pferdes und gilt als Grundlage der klassichen Reitlehre.

Guérinière gilt auch als Erfinder des Schulterherein auf der geraden Linie, welches für das Geraderichten des Pferdes sehr wichtig ist. Dieser französische Meister prägte den Satz „Die Dressur ist für das Pferd da und nicht das Pferd für die Dressur", wodurch er ein wegweisendes Zeichen für einen respektvollen und pferdegerechten Umgang mit dem Pferd gesetzt hat.

DIE TURNIERREITER

Viele Reiter starten regelmäßig auf Turnieren. Ihre Motivation ist der Erfolg. Manchmal wird dabei der wichtigste Partner, das Pferd, vergessen. Turnierreiten sollte zur Überprüfung der Ausbildung dienen. Dies ist der eigentliche Sinn. Das Pferd und dessen Wohl darf nie in den Hintergrund treten.

Wenn diesen Pferden die korrekte Ausbildung zum Reitpferd fehlt, dann leiden sie auf der Jagd nach dem Erfolg ganz besonders. Hinzu kommt ja auch

SO NICHT!

SONDERN SO:

noch der Stress, der fürs Pferd entsteht, wenn man jedes Wochenende zum Turnier fährt.

Die Pferde werden oft krank: falsches Reiten überlastet den Rücken und die Beine; nach einiger Zeit müssen sie dann vom Tierarzt behandelt werden oder kommen sogar in die Tierklinik.

Schuld daran sind natürlich nicht die Reiter allein: Ein Reitsportverband, der die entsprechenden Turniere veranstaltet und junge Pferde zu häufig starten lässt, ist daran ebenso beteiligt, wie diejenigen Turnierrichter, die falsch gerittene Pferde auf den Turnieren platzieren.

DER TURNIERSPORT IN ZAHLEN

IM JAHR 2007 ...

... gab es 1.409.834 Turnierstarts.

IM JAHR 2008 ...

... gab es 1.487.710 Turnierstarts.

Das sind fast 80.000 Starts mehr als im Jahr zuvor.

Der erste Turnierstart ist eine aufregende Sache!

Ein junges Pferd braucht wie du Freunde, um sich wohlzufühlen.

DIE PFERDEZÜCHTER

Ohne Pferdezüchter hätten wir alle unsere wunderschönen Pferde nicht. Mit viel Liebe zum Pferd – und meist einer Menge Fachwissen über Vererbung, Verwandtschaft, Gesundheit und Aufzucht – betreiben zahllose Züchter ihre Passion.

Da Pferde, die preisgekrönte Eltern haben oder Bewegungen, die Erfolge im Turniersport versprechen, teilweise für viel Geld verkauft werden, ist Pferdezucht nicht mehr nur etwas, das man aus Liebe zum Pferd macht. Pferdezucht hat auch mit viel Geld zu tun.

Aufzucht und Ausbildung von Pferden ist teuer. Je früher ein Züchter also sein junges Pferd als erfolgversprechendes Turnierpferd verkaufen kann, desto eher zahlt sich sein Aufwand aus und umso größer ist sein Gewinn. Da natürlich Pferdezüchter von Geld leben, ist es ja prinzipiell völlig in Ordnung, Zucht unter wirtschaftlichen Gesichtspunkten zu betreiben. Allerdings darf niemals das Wohl der jungen Pferde in den Hintergrund treten!

Aber manche Züchter wollen zu schnell möglichst viel verdienen, und sie versuchen, ihre Pferde möglichst jung,

PFERDEZUCHT IN DEUTSCHLAND

IM JAHR 2008 ...

... wurden 1.204 Reitpferde zu einem Durchschnittspreis von etwas mehr als 22.968 Euro versteigert. In den letzten beiden Jahren sind beide Zahlen deutlich zurückgegangen.

möglichst teuer zu verkaufen, was dann zu Lasten der Pferde geht.

Die Ausbildung der jungen Pferde leidet häufig. Die zwei- oder dreijährigen Pferde werden nicht mehr langsam und schonend angeritten und bekommen nicht mehr ausreichend Zeit, sich an das Reitergewicht und die Anforderungen als Reitpferd zu gewöhnen. Stattdessen müssen sie sehr früh schon, mit fest gestelltem Kopf, spektakuläre Bewegungen zeigen. An dieser Stelle werden leider oft große Fehler gemacht. Die jungen Pferde werden früh zu Korrekturpferden und erleiden Konsequenzen für ihr ganzes Leben.

Dieses ganze „Spiel" funktioniert natürlich nur, wenn es auch Reiter gibt, die so ein Pferd kaufen! Und die gibt es immer noch: Für ein junges schonend angerittenes Pferd zahlen sie leider viel weniger Geld als für eines, das schon startbereit für das erste Turnier daherkommt und mit den Beinen „strampelt" (siehe Seite 68, linkes Bild). Sie erhoffen sich erfolgreiche Turnierstarts.

13

Bei ihrer Mama sind die kleinen Fohlen gut aufgehoben.

DIE ZUSCHAUER

Zu einem Turnier gehören immer auch Zuschauer. Sie bejubeln und applaudieren – und entscheiden damit auch darüber, welches Ausbildungskonzept Erfolg hat.

Wer einem Reiter applaudiert, der sein Pferd nicht nur schlecht reitet, sondern sogar durch schlechtes Schaureiten quält, trägt in gewisser Weise zu einer falschen Ausbildungsmethode bei. Er ist mit schuld, wenn falsches Reiten immer weiter verbreitet und belohnt wird.

Aber woher weiß man, wann ein Pferd falsch geritten wird? Das kann natürlich nicht jeder Zuschauer so ohne weiteres erkennen. Erst einmal muss er lernen, und das ist gar nicht so einfach, wie Pferde aussehen, die richtig geritten werden. Denn oft kann man äußerlich nur

Das öffentliche Interesse spiegelt die große Bedeutung des Turniersports wieder.

14

Nur ein Sieg auf einem gut gerittenen, losgelassenen Pferd ist ein wahrer Sieg – auch für dein Pferd!

schwer unterscheiden, welches Pferd korrekt und welches schlecht ausgebildet ist. Dieses Buch versucht, dir hierzu wichtige Informationen zu liefern.

DIE TURNIERRICHTER

Mit einem schlecht gerittenen Pferd ein Turnier gewinnen? Geht denn das? Leider ja! Im heutigen Reitsport – und das gilt für das kleine Turnier im Nachbarort ebenso wie für Olympia – sind immer wieder die Pferde erfolgreich, die mit verspanntem Körper durchs Dressurviereck „strampeln". Das ist zwar grundfalsch und macht Pferde krank, wird aber tatsächlich gezeigt und belohnt.

SO NICHT!   SONDERN SO:

Und wenn man so bei der Olympiade gewinnen kann, dann kann diese Form der Reiterei doch gar nicht so schlecht sein, oder? Dass sie es eindeutig ist, wissen viele Reiter gar nicht mal. Und das ist kein Wunder, denn auf vielen Turnieren werden genau diese Pferde hoch prämiert. Die Turnierrichter belohnen die falsche Strampelei mit den Vorderbeinen auch noch, ganz egal, wie sehr dem armen Pferd der Rücken und der Hals schmerzt. Die

Turnierrichter müssen eine Grundausbildung und eine Prüfung ablegen. Um zu dieser Prüfung zugelassen zu werden, müssen sie selbst Turniererfolge nachweisen.

Kriterien für gutes Reiten, wie sie die FN in den Richtlinien für Reiten und Fahren, der Ausbildungsskala und den ethischen Grundsätzen aufgeschrieben hat, scheinen oft nicht mehr zu interessieren.

Dass Pferde auf diese Art und Weise auf Turnieren gewinnen können, ist wirklich schlimm. Denn es führt dazu, dass immer mehr Menschen ihre Pferde falsch reiten – sie ahmen einfach die großen Stars nach: „Wenn die damit auf großen Turnieren starten und gewinnen, dann wird das ja wohl richtig sein ..."

Die Turnierrichter entscheiden also ganz wesentlich darüber, wie die Menschen reiten.

Besonders in der Hand dieser drei Herren liegt das Wohl der Turnierpferde.

Ein guter und gefühlvoller Reitlehrer ist das A und O!

DIE REITLEHRER UND DIE REITVEREINE

Helm ist Pflicht! Ein guter Reitlehrer achtet immer auf die sichere Bekleidung seiner Schüler!

Reitlehrer und Ausbilder bestimmen, wie ein Pferd ausgebildet wird. Sie werden auch danach bewertet, wie erfolgreich sie auf Turnieren sind. Und ein Reitlehrer oder Ausbilder, dessen Pferde auf Turnieren nicht hoch platziert werden, gilt nicht als erfolgreich. Damit sind Reitlehrer und Ausbilder in der Zwickmühle. Viele von ihnen wissen, wie sie ihre Pferde korrekt und

18

pferdeschonend ausbilden können, aber letztendlich müssen sie von ihrer Arbeit leben. Wenn ihre Kunden einen schnellen Erfolg auf Kosten der Pferde wollen, dann sind die Ausbilder manchmal gezwungen, die Pferde nach deren Wünschen grob und zu schnell auszubilden.

Andere wiederum haben gar keine richtige Ausbildung, bezeichnen sich als „klassisch" oder extra „pferdefreundlich" und kennen sich in Wirklichkeit gar nicht besonders gut mit Pferdehaltung und -ausbildung aus. Diese angeblichen Reitlehrer und Ausbilder schaden ebenfalls. Du solltest also deinen Reitlehrer nach seiner Ausbildung fragen und nicht nur auf Turniererfolge oder auf Showreiterei schauen.

Eine Checkliste, wie du herausfinden kannst, ob du bei deinem Reitlehrer gut aufgehoben bist, findest du in dem hinteren Umschlag.

ZUSAMMENFASSUNG
FINGER IN DER WUNDE
DER REITER

Warum willst du reiten lernen oder warum reitest du? Sicherlich, weil du Pferde magst! Das findest du vielleicht selbstverständlich, aber es ist wichtig dies zu betonen, weil der Erfolg beim Turnier nie wichtiger als das werden darf.

DER TURNIERREITER

Reitest du Turniere oder möchtest du später gern einmal auf Turnieren starten? Das ist nicht verkehrt, denn es macht Spaß, gemeinsam mit seinem Pferd und seinen Freunden etwas zu erleben. Vergiss aber nie dabei, dass auch dein Pferd Spaß haben sollte und dass es kein Sportgerät ist. Reite auf einen Turnier nur so, dass du deinem Pferd nicht weh tust oder es überforderst.

ZÜCHTER

Vielleicht darfst du dir einmal ein eigenes Pferd bei einem Züchter aussuchen. Dann achte darauf, dass er Pferde genauso sehr liebt wie du und dass dein Pferd nicht zu jung zum Reiten ist. Manchmal ist es besser, ein älteres bereits ausgebildetes Pferd zu kaufen, wenn man noch nicht soviel Erfahrung hat.

ZUSCHAUER

Wenn du gerne auf Turniere gehst und dort zuschaust, dann achte darauf, wie dort geritten wird. Du willst doch niemandem applaudieren, der seinem Pferd weh tut?

REITLEHRER

Ein guter Reitlehrer und Ausbilder ist sicher das Allerwichtigste beim Reitenlernen. Er kann dir genau sagen, was du tun musst, um richtig reiten zu lernen und dem Pferd nicht weh zu tun. Er hilft dir auch dein Pferd auszubilden, damit es lernt, dich zu tragen.

Die klassische Reitkunst nimmt immer Bezug auf die über-prüfte Erfahrung vieler Reitergenerationen und natürlich auf das Wohl unserer Pferde.

KAPITEL 2

KLASSISCHE REITKUNST

WAS IST DAS?

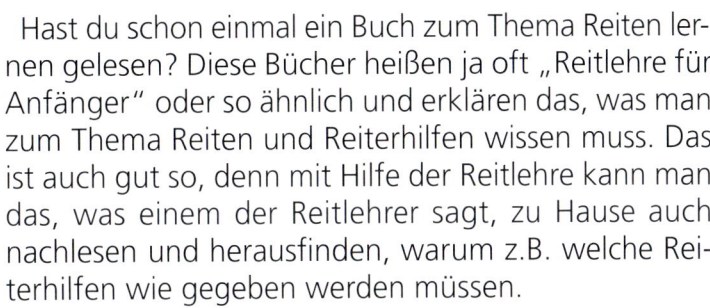

Hast du schon einmal ein Buch zum Thema Reiten lernen gelesen? Diese Bücher heißen ja oft „Reitlehre für Anfänger" oder so ähnlich und erklären das, was man zum Thema Reiten und Reiterhilfen wissen muss. Das ist auch gut so, denn mit Hilfe der Reitlehre kann man das, was einem der Reitlehrer sagt, zu Hause auch nachlesen und herausfinden, warum z.B. welche Reiterhilfen wie gegeben werden müssen.

Auf einem solchen solide und mit viel Zeit aufgebauten Sockel kann dann über viele Jahre hinweg echte „Reitkunst" entstehen. Nur sehr gefühlvolle, gebildete und reife Menschen können dieses allerhöchste Ziel erreichen.

Zwischen den Reitlehren gibt es eine Menge Unterschiede, doch die meisten Reitlehren beziehen sich auf die „Klassische Reitkunst".

Als „Klassische Reitkunst" kann sich jede Ausbildungsphilosophie bezeichnen, die das Wohl und die Leistungsbereitschaft in den Mittelpunkt stellt. Außerdem sollte sie sich auf eine historische Wurzel zurückführen lassen.

Die Grundlage der „Klassischen Reitkunst", die unserer Turnierreiterei zugrunde liegt, ist die Heeresdienstvorschrift aus dem Jahre 1912 (kurz HDV 12 genannt). Sie wurde vor fast 100 Jahren für die Soldaten geschrieben. In der HDV 12 finden sich die wichtigsten Grundsätze der Ausbildung wie z. B.:

AUS DER HEERESDIENST-VORSCHRIFT 12

„ *Ziel und Grundsätze der Dressur: ... Sie setzt sich zum Ziel, das Pferd zur höchsten Leistungsfähigkeit auszubilden und es gehorsam zu machen. Dieses Ziel wird nur erreicht, wenn das Pferd unter Erhaltung und Förderung seiner natürlichen Anlagen in eine Form und Haltung gebracht wird, in der es seine Kräfte voll entfalten kann.* **„**

Diese alte Formulierung besagt, dass das Pferd im Mittelpunkt der Ausbildung steht und keine bestimmte Ausbildungslehre. Es ist wichtig, dass man auf die körperlichen Besonderheiten jedes Pferdes eingeht! Das müsste eigentlich selbstverständlich sein. Schließlich wissen wir von uns selbst ja auch, dass dem einen Dinge leichter fallen, für die ein anderer vielleicht etwas länger braucht.

Wenn man das, was wir oben aus der Heeresdienstvorschrift zitiert haben, mit einem Satz zusammenfassen sollte, würde da stehen: Bei der Ausbildung von Pferden muss immer Rücksicht auf das Pferd genommen werden!

Jedes Pferd kann klassisch geritten werden, auch der hier gezeigte PRE-Hengst.

Das bedeutet also, dass die Reitlehre immer die körperlichen und seelischen Grundlagen der Pferde berücksichtigen muss und dass natürlich die individuellen Unterschiede der einzelnen Pferde beachtet werden sollten. Schließlich sind nicht alle Pferde gleich, und was dem einen besonders leicht fällt, fällt dem anderen vielleicht schwer. Da geht es den Pferden nicht anders als uns! Deshalb darf eine Reitlehre nie ganz starr auf ihren Vorschriften beharren, sondern muss Rücksicht darauf nehmen, wie sich das Pferd fühlt. In der klassischen Reitlehre war das selbstverständlich.

AUS DEN ETHISCHEN GRUNDSÄTZEN DER FN

"*Die Nutzung des Pferdes im Reit-, Fahr-, und Voltigiersport muss sich an seiner Veranlagung, seinem Leistungsvermögen und seiner Leistungsbereitschaft orientieren.***"**

Die Forderung, das Tempo der Ausbildung dem Pferd anzupassen, um das Pferd nicht zu überfordern, findet sich aber nicht nur in der HDV 12. Auch in den 1995 veröffentlichen „Ethischen Grundsätzen" der Deutschen Reiterlichen Vereinigung e.V. steht, dass beim Reiten und Fahren Rücksicht auf das Pferd genommen werden muss. Damit sind auch die Grundlagen unserer heutigen Reitlehren – und eigentlich auch des Turniersports – pferdegerecht. Wer sich nicht daran hält, verstößt damit nicht nur gegen die alte klassische Reitlehre und die HDV, sondern auch gegen die aktuellen Vorgaben durch die Deutsche Reiterliche Vereinigung.

Ein in Versammlung balanciertes Pferd.

MIT RUHE UND ZEIT

Vieles, was wir machen, machen wir schnell und unter Zeitdruck. Wir haben es oft eilig und dann wird es stressig. Beim Umgang mit Pferden geht das gar nicht. Sie brauchen Ruhe und Geduld, und wer hektisch ist, macht Pferde schnell nervös. Außerdem leidet der geschmeidige Sitz.

Ruhe und Zeit sind auch in der klassischen Reitlehre wichtig.

So hat Oberst Alois Podhajski, der ehemalige Leiter der berühmten Spanischen Hofreitschule in Wien, gesagt: *„ICH HABE ZEIT – ich möchte diesen Ausspruch allen Reitern zurufen, die plötzlich auf Schwierigkeiten stoßen und mit ihren Pferden nicht einig werden können."*

Damit nennt Alois Podhajski einen der wichtigsten Punkte überhaupt. Pferdeausbildung kann und darf nicht zu schnell vorangehen, sonst werden Pferde verspannt und krank. Junge

Gut balanciertes Pferd – leider verwirft es sich und das siehst du daran, dass das rechte Ohr tiefer gehalten wird als das linke. Ein deutliches Zeichen dafür, dass das Pferd nicht gleichmäßig durchlässig ist.

Pferde müssen langsam an das Gewicht des Reiters gewöhnt werden, sonst bekommen sie Rückenschmerzen. Ihre Muskulatur muss sich erst mit der Zeit an die neue Belastung anpassen.

Die Ausbildung eines jungen Pferdes zu einem Reitpferd, das auch auf Turnieren starten kann, dauert ein paar Jahre. Wer zu früh zu schwierige Lektionen von seinem Pferd verlangt, überfordert es. Aber auch im Umgang mit Pferden sind Ruhe und Zeit eine der Grundvoraussetzungen. Pferde sind Fluchttiere, die bei hektischem Umgang unsicher und ängstlich werden können.

LOSGELASSENHEIT

Ein sehr wichtiger Punkt, der in der klassischen Reitlehre immer wieder genannt wird, ist die Losgelassenheit.

Wenn du Reitunterricht und schon ein Reitabzeichen hast, dann hast du vielleicht schon von der Losgelassenheit gehört. Sie gehört zur Skala der Ausbildung (mehr dazu findest du auf Seite 74) und damit zu den Grundsätzen jeder Pferdeausbildung.

Losgelassen unter einem Reiter zu laufen, das müssen junge Pferde erst lernen. Sie müssen üben, sich mit dem Reitergewicht zurecht zu finden. Dass das nicht einfach ist, und eine gewisse Zeit dauert, steht auch schon in der HDV 12.

Auch wird bereits in der HDV beschrieben, wie ein Pferd unter dem Reiter laufen sollte, um gesund zu bleiben.

DAS SAGT DER REITMEISTER
OSKAR MARIA STENSBECK:
(Einer der bedeutendsten Ausbilder von Berufsreitern)

„Ist man nicht in der Lage, sein Pferd gleichmäßig, nachgiebig und durchlässig zu machen, so verzichte man lieber ganz auf alle nur in höchster Versammlung zu erreichenden Gänge, als daß man sie in karikaturhafter Manier vorführt.“

„Das Pferd soll lernen, die ohne Reiter gewonnene Haltung wiederzufinden, und sich auch unter dem Gewicht des Reiters mit langem Hals und hängender Nase zwanglos zu bewegen." Wenn ein junges Pferd oder ein Pferd in der Lösungsphase unter dem Reiter so locker und zwanglos an den Hilfen läuft, dann ist es losgelassen:

„Die Losgelassenheit ist daran erkennbar, dass das Pferd im Trabe taktmäßig, raumgreifend, ohne zu eilen, vorwärts geht und das Bestreben hat, den Hals mit vorwärts-abwärtsgestreckter Nase an die aushaltende Hand heranzudehnen, dass es federnd aus dem Rücken schwingt und den Schweif ohne Spannung natürlich trägt."

DIE REITERHILFEN

Die Hilfen des Reiters dienen der Verständigung zwischen Mensch und Pferd. Zu ihnen gehören die Schenkelhilfen, die Zügelhilfen und die Gewichtshilfen. Die größte Aufmerksamkeit bei deiner Ausbildung solltest du dem geschmeidigen Sitz schenken. Dieser ist die wichtigste und feinste Möglichkeit mit deinem Pferd zu kommunizieren. Die häufigsten Fehler sind eine grobe, rückwärts wirkende Hand und ein klemmender, steifer Schiebesitz.

Ein gut gerittenes Pferd geht am geschmeidigen Sitz mit feinster Zügeleinwirkung und am sensibel treibenden Schenkel; Grobheiten haben hier nichts zu suchen! Nur in Ausnahme- und Notfällen darf der Zügel als Mittel der

Disziplinierung und als „Not-bremse" benützt werden.

Ein gut ausgebildetes Pferd zeigt die Dressurlektionen unter seinem Reiter ohne sichtbare Hilfen in Selbsthaltung und losgelassen.

In der klassischen Reitlehre steht also das, was selbstverständlich sein sollte: Wer Pferde ausbildet und reitet, sollte rücksichtsvoll mit ihnen umgehen. Dazu gehören Ruhe und Zeit ebenso wie Verständnis für Unterschiede zwischen den Pferden.

Zudem sollte ein Pferd die Chance haben, losgelassen unter dem Reiter zu gehen, und mit leichter, weicher Hand geritten werden.

Eigentlich selbstverständlich, oder?

29

ZUSAMMENFASSUNG

KLASSISCHE REITKUNST

DIE HEERESDIENSTVORSCHRIFT
Die Heeresdienstvorschrift ist eine ganz wichtige Grundlage für die klassische Reitlehre. In ihr steht unter anderem, dass man bei der Ausbildung von Pferden immer auch Rücksicht auf das Pferd nehmen muss. Das steht übrigens auch in den „Ethischen Grundsätzen" der Deutschen Reiterlichen Vereinigung e.V.

MIT RUHE UND ZEIT
Pferdeausbildung kann und darf nicht unter Zeitdruck erfolgen, sonst werden Pferde krank und hektisch.

LOSGELASSENHEIT
Junge Pferde müssen erst lernen, losgelassen unter dem Reiter zu laufen. Sie müssen üben, sich mit dem Reitergewicht zurecht zu finden.

DIE REITERHILFEN
Die Zügelhilfen dienen nur der Verständigung zwischen Pferd und Reiter. Gewalt hat hier nichts zu suchen.

KAPITEL 3

DIE HALTUNG DEINES PFERDES

WIE PFERDE LEBEN WOLLEN

Wenn du reiten möchtest, solltest du möglichst viel über Pferde wissen. Du kannst sie besser verstehen, wenn du weißt, wie sich Pferde verhalten und wie sie leben wollen.

In einer sozialen Gemeinschaft lernen Pferde viel. Sie müssen sich in eine Rangordnung fügen, die dem Leben in einem Herdenverband entspricht.

DAS FLUCHTTIER PFERD

Pferde sind Herdentiere. Ihr ursprünglicher Lebensraum war die Steppe. Dort waren sie den ganzen Tag auf Nahrungssuche und in Bewegung. Dabei waren sie immer sehr aufmerksam, denn Pferde sind Fluchttiere. Das heißt, bei Gefahr laufen sie lieber weg. Pferde verteidigen sich nur im Notfall, wenn es gar nicht anders geht.

Als Fluchttiere sind Pferde auf eine gute Rundumsicht angewiesen, sie müssen ihre Feinde rechtzeitig erkennen, um schnell genug fliehen zu können.

Pferde können durch die seitliche Anordnung ihrer Augen um sich herum fast alles sehen, nur das, was sich genau vor ihrer Nase oder direkt hinter ihnen befindet, erkennen sie erst, wenn sie den Kopf drehen. Wie scharf ein Pferd die Dinge sieht, hängt von der Entfernung ab. Aus diesem Grund weichen Pferde manchmal vor etwas zurück, das genau vor ihnen ist. Sie können es dann besser erkennen.

Aber auch die anderen Sinne sind sehr gut entwickelt. Pferde können viel besser riechen als wir, fast so gut wie Hunde. Außerdem hören sie sehr gut. Auf Stimmen und Geräusche reagieren sie viel früher als wir Menschen. Selbst beim Dösen oder Fressen nehmen Pferde interessante Geräusche sofort wahr. Die Ohrmuscheln sind immer in die Richtung gerichtet, aus der etwas zu hören ist, ganz gleich, ob das vor, neben oder hinter dem Pferd ist. Es dreht dann die Ohren, den Kopf oder sogar den gesamten Körper in diese Richtung.

Wenn man sich bewusst macht, dass das Fluchttier Pferd immer aufmerksam ist und ständig seine Umgebung beobachtet, wird einem klar, wie schwer es für das Pferd manchmal sein muss, sich auf seinen Reiter zu konzentrieren. Und wenn ein Pferd erschrickt, versucht es zu fliehen – damit muss man als Mensch natürlich auch immer rechnen.

*Der hier gezeigte Con-
nemarahengst darf
jeden Tag mindestens*

*6 Stunden seiner Bewe
gungsfreude Ausdruck
verleihen.*

SO NICHT!

SONDERN SO:

*Kopper setzen aus Lange-
weile den Oberkiefer mit
den Schneidezähnen zum
Beispiel auf Gitterstäbe,
um so Luft zu schlucken.*

34

SO SOLLEN PFERDE LEBEN

Du weißt schon, dass Pferde Herdentiere sind. Aber was bedeutet das für ihr Leben mit uns Menschen?

Pferde brauchen immer Gesellschaft von anderen Pferden. Sie sind einsam ohne Pferdefreunde und werden unsicher. Auch du kannst der Freund deines Pferdes sein, aber du kannst ihm nie die anderen Pferde ersetzen.

Pferde brauchen Pferdefreunde und viel Platz. Eine kleine Box reicht nicht aus – sie sind keine Steh-Tiere, sondern Lauf- und Flucht-Tiere! Ihr ganzer Körper ist fürs Laufen konstruiert. Außerdem haben sie in ihrem ursprünglichen Lebensraum, der Steppe, etwa 18 Stunden am Tag damit zugebracht, Nahrung zu suchen: das heißt, sie sind grasend über die Steppe gezogen und haben nicht still gestanden. Wenn ein Pferd also, bis auf z. B. eine Stunde Reiten am Tag, die restlichen 23 Stunden in einer geschlossenen Box steht, wird es krank!

Der ganze Körper eines Pferdes ist darauf ausgerichtet, dass es den ganzen Tag Nahrung sucht. Auch der Darm braucht regelmäßig „Nachschub", also immer wieder etwas zu Verdauen. Große Mengen Kraftfutter, wie Müsli oder Getreide, belasten Magen und Darm und geben viel Energie auf einmal. Eigentlich brauchen Pferde regelmäßig Energie, die sie durch Heu oder Gras

Fellkraulen ist ein Zeichen von Freundschaft! Fast als wenn wir miteinander kuscheln!

bekommen, und nur selten, z.B. im Leistungssport, diesen Energieschub, den wir ihnen in die Futterkrippe geben. Um gesund zu bleiben, benötigen sie also viel Heu und Gras – am besten so viel, dass sie den ganzen Tag über immer wieder etwas zu Fressen haben.

DREI DINGE BRAUCHT DEIN PFERD

- Pferde brauchen andere Pferde
- Pferde brauchen Platz
- Pferde brauchen ausreichend Raufutter wie Heu, Stroh und Gras

36

In jeder Herde gibt es eine Rangfolge. Du solltest für dein Pferd immer das Leittier sein.

Hier siehst du Rangkämpfe und raue Spiele in zwei Phasen. Sie sind bei Pferden auf der Weide an der Tagesordnung.

DIE VERANTWORTUNG

Du solltest deinem Pferd immer genügend Frei-räume geben, in denen es sich seinen natürli-chen Instinkten entspre-chend entfalten kann.

Wer reitet, übernimmt die Ver-antwortung für das Pferd. Die Verantwortung dafür, dass das Pferd so gehalten und geritten wird, dass es keinen Schaden nimmt. Das gilt natürlich ganz be-

ZUSAMMENFASSUNG

DIE HALTUNG DEINES PFERDES

DAS FLUCHTTIER PFERD
Pferde brauchen den ganzen Tag Bewegung. Sie sind immer sehr aufmerksam und ihre Sinne wie Sehen, Riechen und Hören sind sehr gut ausgeprägt.

SO SOLLEN PFERDE LEBEN
Pferde brauchen Pferdegesellschaft, ausreichend Platz und viel Raufutter.

VERANTWORTUNG
Wenn du ein Pferd reitest, dann musst du auch darauf achten, ob es artgerecht leben kann.

sonders für Menschen, die Pferde ausbilden. Aber auch du bist dazu verpflichtet, dein Pferd artgerecht zu halten und gefühlvoll zu reiten – deinem Pferd zuliebe!

GENICK

STIRN

MÄHNENKAMM

AUGE

WIDERRIST

LEND

NÜSTERN

RÜCKEN

GANASCHE

OBER-
LIPPE

SCHULTER

RIPPEN

FLA

MAUL

KEHLGANG

WANGE

UNTER-
LIPPE

BRUST

UNTERBRUST

ELLBOGEN

SCHLAU

UNTERARM

KARPALGELENK

UNTERSCHENKEL

RÖHRBEIN

SPRUNGGELEN

BEUGESEHNE

FESSELGELENK

KRONE

FESSEL

HUF

40

KAPITEL 4

DER PFERDEKÖRPER

DIE ANATOMIE DEINES PFERDES

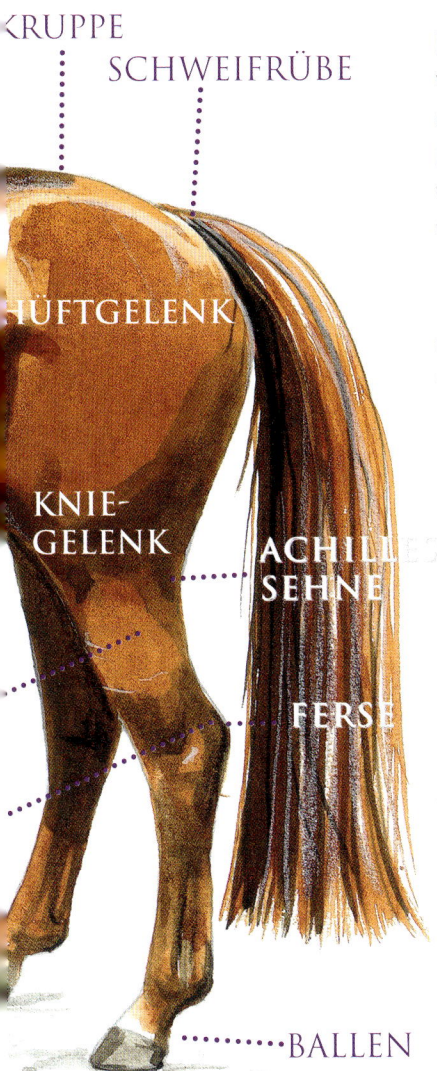

KRUPPE

SCHWEIFRÜBE

HÜFTGELENK

KNIE-
GELENK

ACHILLES-
SEHNE

FERSE

BALLEN

Ein normales Warmblutpferd wiegt etwa 550 bis 650 kg, ein Reitpony ca. 400 bis 450 kg. 600 kg, das ist etwa so viel wie acht Männer zusammen wiegen, also wirklich eine Menge! Ein Reiter belastet den Rücken des Pferdes und bringt den Pferdekörper aus dem Gleichgewicht.

DIE BRÜCKEN-KONSTRUKTION

Das meiste Gewicht des Pferdes hängt sozusagen zwischen den Vorder- und den Hinterbeinen, nämlich im Bauchraum, der an der Wirbelsäule hängt. Die Brust- und Lendenwirbelsäule überbrückt den Bereich zwischen Schulterblättern und Becken.

DER KOPF

Der Kopf ist mit der Halswirbelsäule verbunden. Am Hinterhauptsbein setzt das Nackenband – eines der wichtigsten Bänder für die Brückenkonstruktion – an.

DIE HALSWIRBELSÄULE

Im Genick ist die Halswirbelsäule mit dem Kopf verbunden. Die Halswirbelsäule besteht aus sieben S-förmig angeordneten Wirbeln. Sie ist neben dem Schweif der beweglichste Teil der Wirbelsäule und für die Balance des Pferdes von großer Bedeutung.

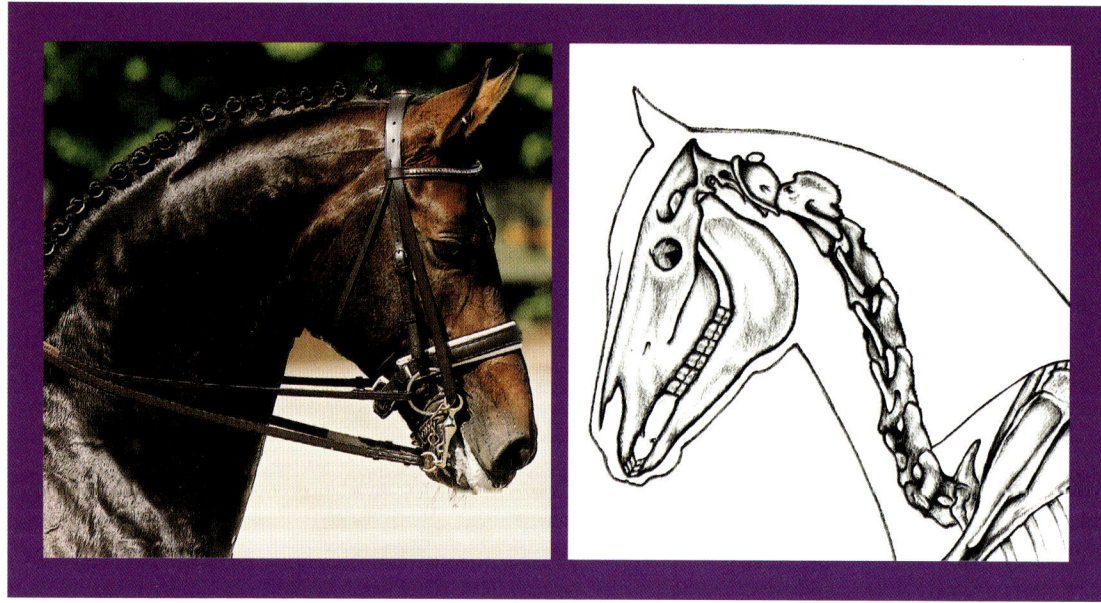

Die Halswirbelsäule
verläuft wie ein „S".

DIE BRUSTWIRBELSÄULE

Die Brustwirbelsäule besteht aus 18 Wirbeln, die eher kurz und nicht so beweglich miteinander verbunden sind, wie die Halswirbel. Das Besondere an der Brustwirbelsäule sind die teilweise sehr langen Dornfortsätze.

Die Dornfortsätze des 2. bis 10. Brustwirbels bilden den Widerrist. Sie sind deutlich länger als die anderen.

An den 18 Brustwirbeln sind die Rippen befestigt. Die vorderen acht enden am Brustbein, während die hinteren zehn Knorpelenden haben, die sich zum sogenannten Rippenbogen zusammenschließen. Sie sind sehr flexibel befestigt und ermöglichen so die Atmung.

Brustwirbel aus dem Widerristbereich

DER BRUSTWIRBEL

Die Brustwirbel haben sehr lange Dornfortsätze. Die bis zu 30 cm langen Dornfortsätze können sich im Bereich der Brust- und Lendenwirbelsäule berühren. Das kann zu der Krankheit „Kissing Spines Syndrom" führen. Die Pferde haben dann manchmal starke Rückenschmerzen.

DER LENDENWIRBEL

Sechs Lendenwirbel schließen direkt an die Brustwirbelsäule an. Sie haben lange seitliche Querfortsätze und eher kurze Dornfortsätze.

Hier sitzt der kräftigste Teil des Langen Rückenmuskels, der die Lendenwirbelsäule stabilisiert, wenn das Pferd gut bemuskelt ist.

Lendenwirbel mit langen Querfortsätzen

DAS KREUZBEIN

Das Kreuzbein besteht aus fünf Wirbelkörpern, die verwachsen sind. Im Kreuz-Darmbeingelenk ist das Kreuzbein mit dem Becken verbunden. Dies ist ein sehr wichtiges Gelenk: Hier wird die gesamte Kraft aus den Hinterbeinen des Pferdes auf die Wirbelsäule übertragen.

SCHWANZ- (SCHWEIF-)WIRBELSÄULE

Die Schwanzwirbelsäule besteht aus 18 bis 21 Wirbeln. Am Schweif lässt sich sehr deutlich ablesen, wie locker

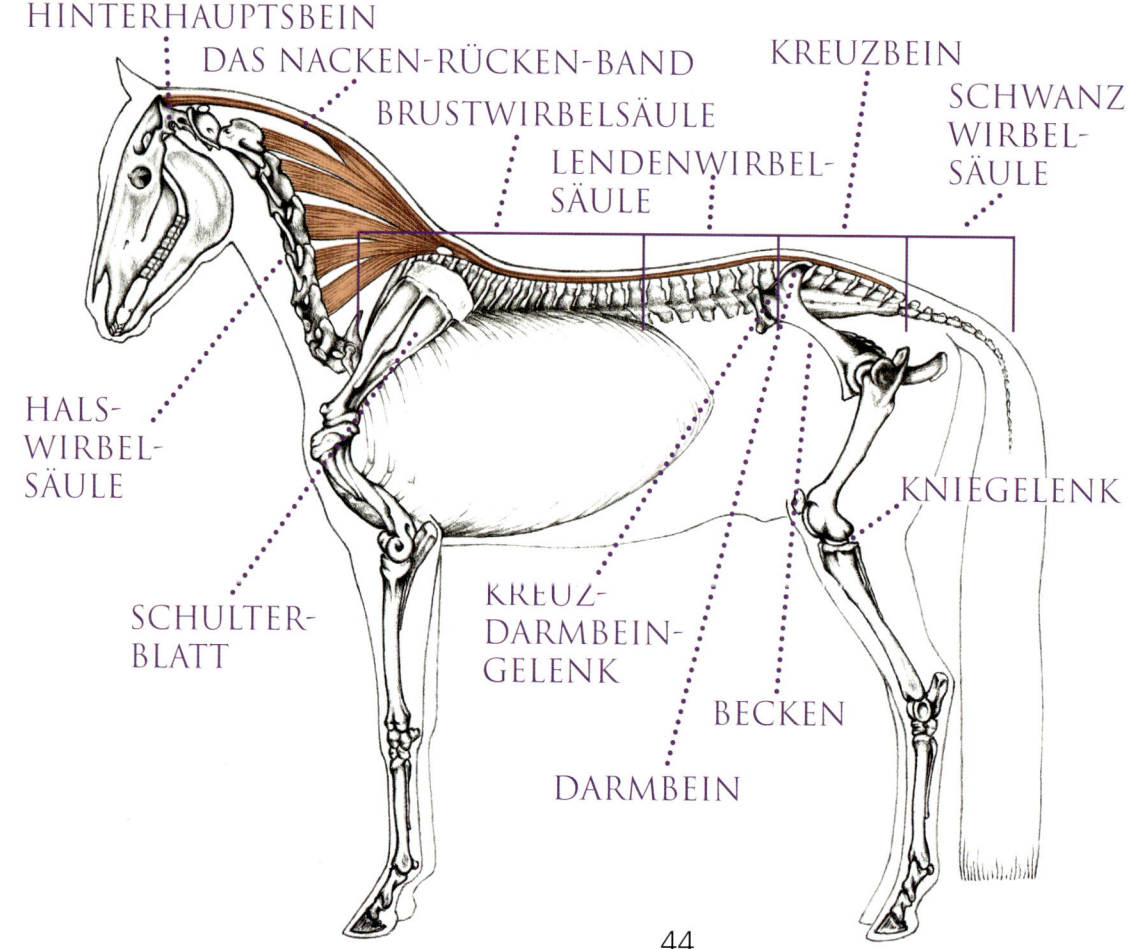

HINTERHAUPTSBEIN

DAS NACKEN-RÜCKEN-BAND

KREUZBEIN

BRUSTWIRBELSÄULE

SCHWANZ
WIRBEL-
SÄULE

LENDENWIRBEL-
SÄULE

HALS-
WIRBEL-
SÄULE

KNIEGELENK

SCHULTER-
BLATT

KREUZ-
DARMBEIN-
GELENK

BECKEN

DARMBEIN

44

und entspannt ein Pferd ist. Ein verspanntes Pferd, das sich nicht wohlfühlt, schlägt hektisch mit dem Schweif. Bei einem losgelassen laufenden Pferd pendelt der Schweif locker im Takt.

BÄNDER

Ein sehr verspanntes Pferd.

Bänder stützen den Pferdekörper. Sie dienen als verbindende Elemente von Knochen mit Gelenken und stabilisieren sie. Im Bereich der Wirbelsäule hat das Pferd einige lange Bänder. Die wichtigsten sind das Nackenband und das Rückenband. Sie sind zugleich die wesentlichsten Bestandteile der sogenannten „Oberen Verspannung". So wird der Bereich genannt, der vom Kopf bis zum Kreuzbein reicht.

DAS NACKENBAND

Das Nackenband ist ein 4 bis 5 cm breiter sehniger Strang. Es verläuft vom Kopf bis zur Brustwirbelsäule. Dort reicht es bis zum Widerrist. Am Widerrist ist es an den Dornfortsätzen befestigt, man bezeichnet die Anheftungsstelle auch als Widerristkappe.

Aus dieser Widerristkappe geht der zweite Teil des Nackenbandes fächerförmig nach vorne ab und stellt die Verbindung zur Halswirbelsäule her.

DAS RÜCKENBAND

Das Rückenband reicht von der Widerristkappe bis zum Kreuzbein. Es verbindet alle Dornfortsätze des Rückens miteinander. Es endet mit einzelnen Fasern am Kreuzbein.

45

MUSKELN

Ein Pferd hat etwa 504 Muskeln und 205 Knochen. Die langen Muskeln sorgen für die Bewegung, die kurzen stützten das Skelett und sind für die Koordination zuständig.

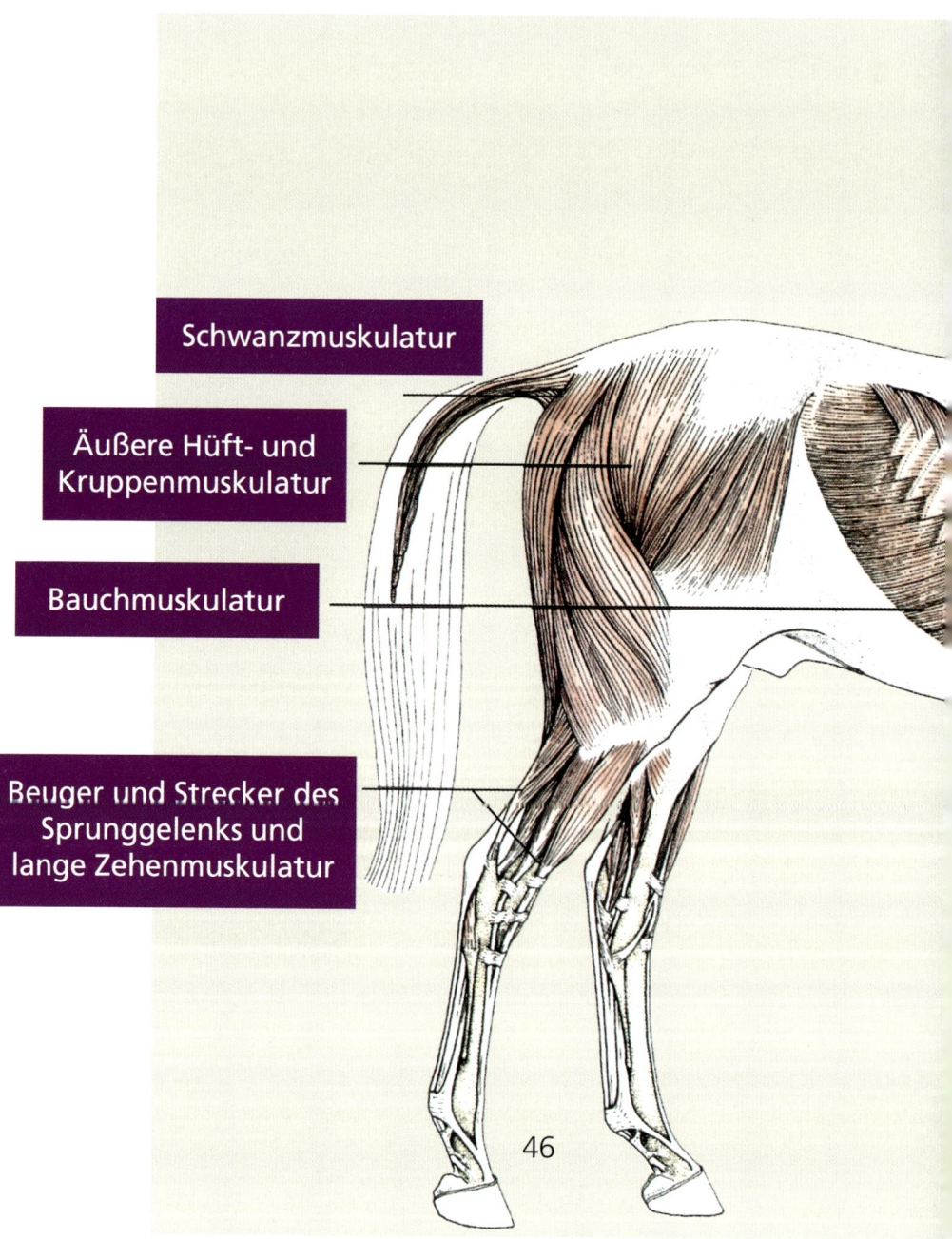

Schwanzmuskulatur

Äußere Hüft- und Kruppenmuskulatur

Bauchmuskulatur

Beuger und Strecker des Sprunggelenks und lange Zehenmuskulatur

46

Die Muskulatur dient der Stabilität des gesamten Körpers, indem sie eine Grundspannung hält. Das Anspannen und Entspannen von Muskeln sorgt für Bewegung. Die Verbindung mit den Knochen erfolgt über Sehnen. Muskeln sorgen sozusagen für die Beweglichkeit des Pferdekörpers.

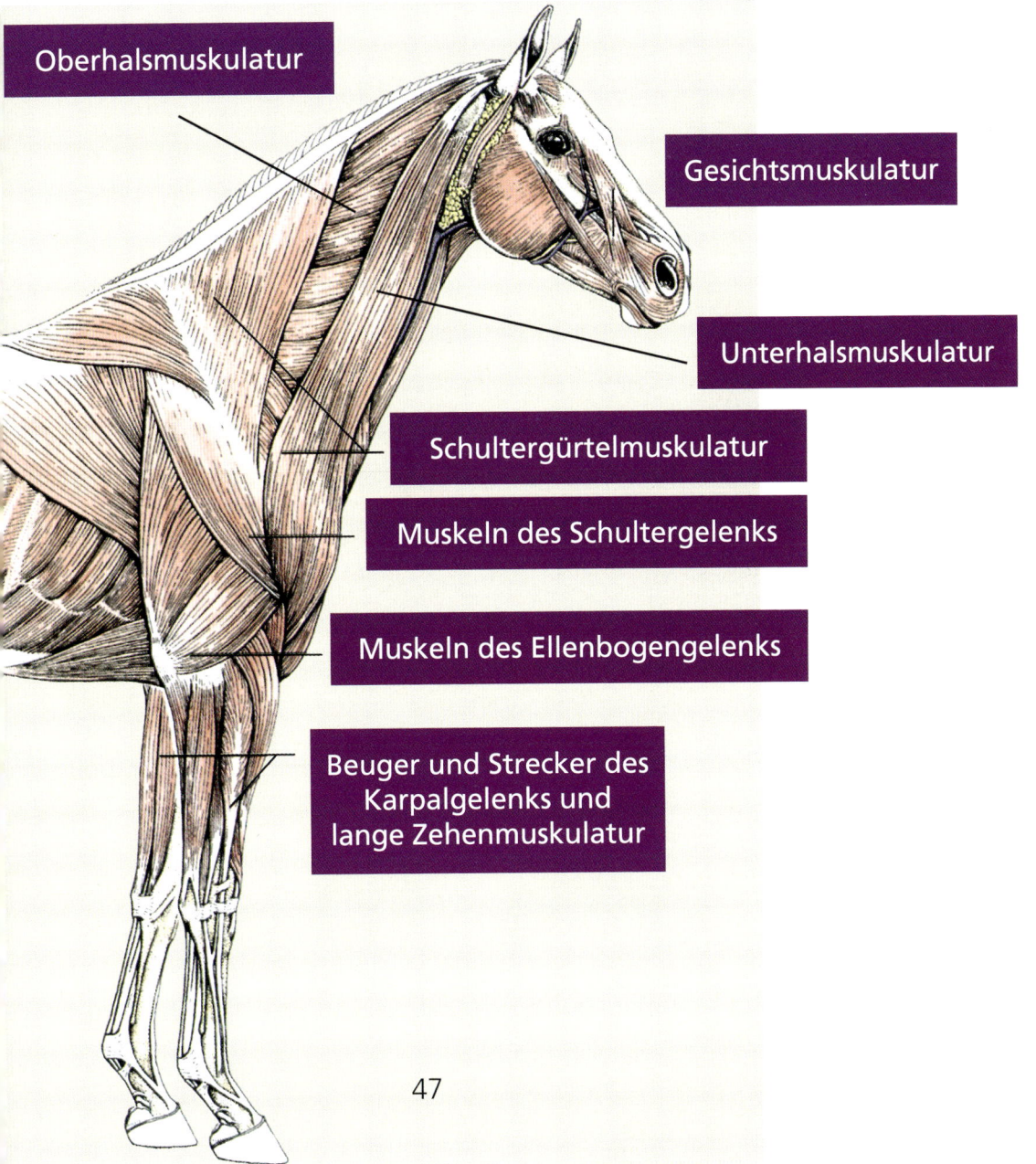

Oberhalsmuskulatur

Gesichtsmuskulatur

Unterhalsmuskulatur

Schultergürtelmuskulatur

Muskeln des Schultergelenks

Muskeln des Ellenbogengelenks

Beuger und Strecker des Karpalgelenks und lange Zehenmuskulatur

DIE SKELETTMUSKULATUR

Die Muskulatur eines Pferdes besteht aus glatter, quergestreifter und Herzmuskulatur. Die glatte Muskulatur wird über das vegetative Nervensystem beeinflusst und kann nicht bewusst gesteuert werden. Das sind zum Beispiel Muskeln, die zum Magen und Darm oder zur Luftröhre gehören.

Die quergestreifte Muskulatur ist die Skelettmuskulatur. Diese Muskulatur ist für die Aktivitäten wie Springen oder Laufen verantwortlich. Diese Muskeln kann man trainieren. Sie reagieren genauso auf richtiges oder falsches Training, wie unsere eigenen Muskeln auch.

Auch ein Pferd bekommt durch Training Muskelkater. Ungewohnte Belastung führt also beim Pferd genauso wie bei uns auch zu diesem Muskelschmerz. Daran sollte man natürlich denken, wenn man ein Pferd reitet und neue Sachen ausprobiert oder einen sehr langen Ausritt macht. Besonders wichtig ist das, wenn man ein junges Pferd reitet!

MUSKULATUR

Die Skelettmuskulatur eines Pferd kannst du trainieren, genauso, wie du deine eigene Muskulatur beim Sport auch aufbauen kannst. Du musst dein Pferd sogar trainieren: Sonst kann es dich nicht ohne Probleme tragen!

DER LANGE RÜCKENMUSKEL

Der Lange Rückenmuskel ist für das seitliche Biegen und Strecken von Hals und Rücken verantwortlich, wenn das Pferd steht. Beim laufenden Pferd ist er maßgeblich an der Bewegung und der Qualität der natürlichen Grundgangarten beteiligt. Er ist nicht zum Tragen da, auch wenn das so aussieht. Die Muskelfasern, aus denen der Lange Rückenmuskel besteht, eignen sich nicht zum Tragen.

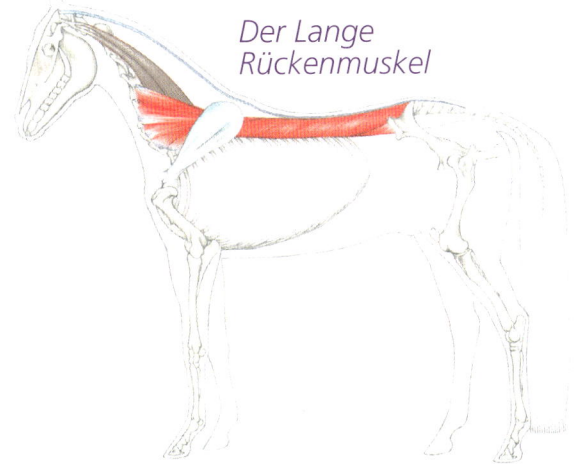

Der Lange Rückenmuskel

Der Lange Rückenmuskel ist dafür verantwortlich, dass das Pferd seinen Rumpf heben kann. Ein gutes Beispiel hierfür ist eine Levade. Auch bei jedem Galoppsprung, Trabschritt und jeder Schrittbewegung hebt der Lange Rückenmuskel den Rumpf. In den natürlichen Grundgangarten hebt der Lange Rückenmuskel den Rumpf, wenn das Pferd mit den Hinterbeinen am Boden ist, also von der hinteren Basis aus. Wenn es übermütig herumspringt ist die Aktionsbasis des Langen Rückenmuskels vorne und die Hinterhand wird zum Beispiel zum Auskeilen gehoben.

Eine beispielhafte Levade. Die Langen Rückenmuskeln heben den Rumpf.

49

DER PFERDERÜCKEN

Vom Langen Rückenmuskel hängt es wesentlich ab, ob das Pferd mit verspanntem, losem oder getragenem Rücken laufen kann. Und je nachdem, wie geschmeidig der Rücken ist, kann der Reiter besser oder schlechter auf dem Pferd sitzen.

FAKTEN

UNBEQUEM?

Pferde, auf denen man nicht gut sitzen kann, sind oft sehr verspannt.

Ihr Rücken schwingt nicht, und deshalb kannst du auf diesen Pferden kaum aussitzen.

Dieser Zustand ist für jedes Pferd langfristig sehr ungesund.

Ein im natürlichen Gleichgewicht gehendes Pony am losen Zügel. Die Rückenmuskulatur hat wenig positive Spannung, das Pony hat echte Losgelassenheit noch nicht erreicht.

1. DER LOSE RÜCKEN

Mit „loser" Rücken bezeichnet man den Rücken eines Pferdes, der weder positiv gespannt noch verspannt ist. Häufig gehen Pferde der iberischen Rasse, die nach der ursprünglichen französischen Lehre ausgebildet wurden, mit losem Rücken. Bei diesen Pferden ist auch die Anlehnung am Zügel wenig konstant und sehr leicht. Bei Pferden, die nach den Richtlinien für Reiten und Fahren der FN ausgebildet wurden, wird großer Wert auf eine weiche aber gleichmäßige Anlehnung gelegt. Für ein entspannt gehendes Freizeit- oder Geländepferd ist ein solches Gleichgewicht ausreichend, solange der Körper des Pferdes nicht verspannt ist. Auch ein reines Gelände-Spazierreitpferd sollte ein Mindestmaß an Geschmeidigkeit besitzen, um seinen Körper nicht zu schädigen.

51

Schöner, getragener Galopp mit gut sitzender Reiterin.

2. DER GETRAGENE RÜCKEN

Der getragene Rücken, das Ziel unseres Ausbildungsverständnisses, kommt dann zustande, wenn das Pferd soweit ausbalanciert ist, dass es den Kontakt zum Gebiß mit kauendem Maul und geschmeidigem Genick sucht. Ein solches Pferd trägt seinen Reiter mit einer positiv gespannten Muskulatur, ohne sein Bänder- und Stützgewebe passiv zu strapazieren. Die Bewegungsabläufe bleiben dann natürlich und unverfälscht. Diesen Zustand nennt man ausbalanciert. Das Pferd befindet sich im Gleichgewicht. Die Bewegungen werden dynamischer und tänzerischer. Es können schwungvolle Bewegungen entstehen. Mit zunehmender positiver Spannung im Rücken entsteht mehr Ausdruck in den natürlichen Grundgangarten. VORSICHT! Verwechsle das nicht mit Spann- und Schwebetritten, die aus einem verspannten Rücken entwickelt werden (siehe Foto Seite 68 links).

3. DER VERSPANNTE RÜCKEN

Pferde, deren Rückenmuskulatur fest ist, drücken den Rücken nach unten weg oder überspannen ihn, und können dann ihre Hinterbeine nicht mehr richtig unter den Körper setzen. Einige von ihnen, denen der Kopf

52

nach unten gezogen wird, laufen mit zu hoch aufgewölbtem, überspanntem Rücken.

Der Grund dafür, dass Pferde mit verspanntem Rücken laufen, ist in den meisten Fällen der Reiter, der zu stark am Zügel zieht oder schlecht und verspannt sitzt – oft sogar beides. Gut sitzen lässt sich so ein Pferd nicht mehr. Und häufig treten nach längerer Zeit Bewegungsstörungen und Krankheiten am Rücken und an den Beinen auf. Solche Pferde zeigen oft Spann- und Schwebetritte, die auch imposant aussehen können, aber das Pferd schädigen! Richter sollten dafür immer sehr schlechte Noten geben!

DIE UNTERE VERSPANNUNG

Der Rücken wird nicht allein von der oberen Muskulatur gehalten, sondern auch von unten „gestützt". Die Mittellinie des Bauches (dort wo sich die geraden Bauchmuskeln treffen) ist als sehniges Band (weiße Linie) ausgebildet. Es verbindet das Brustbein mit dem Beckenbogen (Schambein) und stabilisiert den Rumpf passiv von unten. Die Bauchmuskeln haben aber keine wirklich tragende Funktion, sie sind Bewegungsmuskeln und eine Hängematte für die Bauchorgane.

Beim galoppierenden Pferd ziehen sich die verschiedenen Muskeln, die zur Gruppe der Bauchmuskulatur gehören, im Moment der Schwebephase zusammen. Dadurch werden das Becken und die Hinterbeine des Pferdes nach vorne gezogen, der Körper des Pferdes schließt sich.

Die Bauchmuskulatur muss sich also bewegen, damit das Pferd sich bewegen kann. Sie kann dabei weder den Pferderücken noch das Reitergewicht tragen und halten. Muskulatur, die etwas festhält, muss angespannt sein, wohingegen die Bauchmuskulatur des Pferdes ja in Bewegung ist.

Früh übt sich, wer einmal ein guter Reiter werden will. Hier fehlt noch ein wenig das Gleichgewicht...

Trotzdem:
Mein Lieblingsbild!

53

DIE HALSMUSKULATUR

Wenn ein Pferd einen wohlgeformten Hals hat, dann finden wir es meistens auch schön. Aber was ist ein schöner Hals? Ein Pferd hat einen schönen Hals, wenn die Oberhalsmuskulatur gut entwickelt ist. Wenn es in Dehnungshaltung läuft, zieht die Oberhalsmuskulatur – gemeinsam mit dem passiv wirkenden Nackenband – die Dornfortsätze des Widerrists nach vorne.

Die Unterhalsmuskulatur zieht den Kopf herunter und biegt den Hals zur Seite. Außerdem hilft sie, die Vorderbeine zu bewegen. Beim Reiten entwickelt sie sich wenig. Bei nicht so gut gerittenen Pferden, die beispielsweise mit falsch eingesetzten Hilfszügeln den Kopf nach unten gezogen bekommen und mit verspannter Oberhalsmuskulatur dagegen ankämpfen, wird die Unterhalsmuskulatur mit der Zeit gestärkt.

Wohlgeformter Hals eines jungen Pferdes.

Dieser Hals ist sehr kurz. Die Ganaschen sind sehr eng. Das Pferd hat sicher Probleme damit, in guter Anlehnung zu gehen.

Mittellanger Hals mit gutem Genick und mäßig entwickelter Oberhalsmuskulatur.

Die Halswirbelsäule ist der beweglichste Teil der Wirbelsäule und für die Balance des Pferdes von großer Bedeutung. Wenn ein Pferd den Hals vorwärts-abwärts senkt, oder ihn in relativer Aufrichtung trägt, können Nacken- und Rückenband den Rücken in einer unverspannten Position tragen. Dies ist die Voraussetzung dafür, dass das Pferd ohne gesundheitliche Probleme geritten werden kann. Seine Rückenmuskulatur kann unverspannt arbeiten.

Daran, wie die Halsmuskulatur eines Pferdes aussieht, kann man auch erkennen, ob es korrekt geritten wird. Ein gut gerittenes Pferd hat eine schöne Oberhalsmuskulatur und wenig Unterhalsmuskulatur. Ist das Gegenteil der Fall, stimmt meist mit der Ausbildung und dem Training des Pferdes etwas nicht.

Natürlich gibt es auch individuelle Unterschiede: ein Norweger zum Beispiel hat von Natur aus einen kürzeren Hals als ein Warmblutpferd. Ihm fällt es vielleicht etwas schwerer, den Hals locker fallen zu lassen, aber dennoch kann er es lernen! Dem einen Pferd fällt es vielleicht leichter als dem anderen, doch letztendlich kann und muss wirklich jedes Pferd richtig geritten werden, wenn es nicht krank werden soll.

*Bei diesem Pferd ist der Hals tief angesetzt. Seine Oberhalsmuskulatur ist sehr schwach entwickelt.
Eine Ganaschenfreiheit ist nicht gegeben.*

Hier siehst du die Muskelschichten am Pferdehals. Auf dem ersten Bild ist der tiefste Muskel abgebildet. Die Muskulatur in Bild 2 sitzt darüber.

Die hier gezeigten Oberhalsmuskeln bewegen normalerweise den Hals und den Kopf. In der klassischen Reitlehre weist man ihr auch eine rückentragende Funktion zu. Der Hals dient als Kraftarm und wirkt über die Widerristdornfortsätze als rückenhebende Kraft.

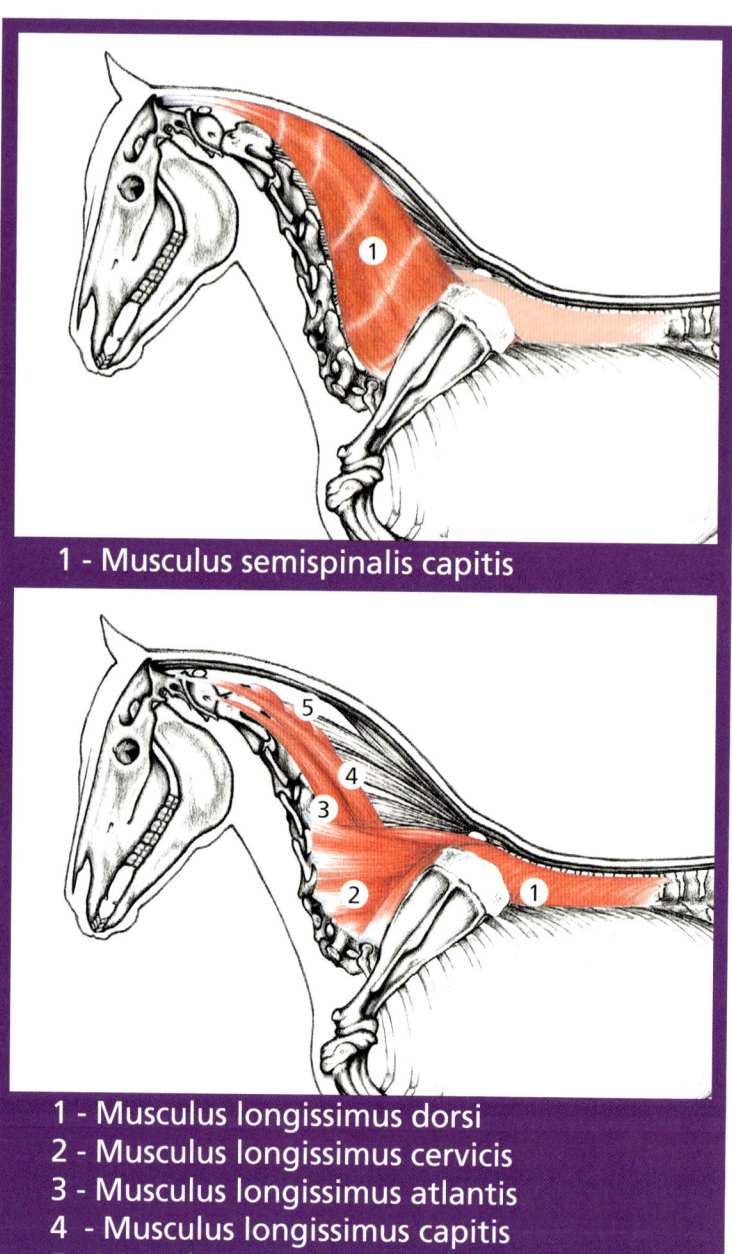

1 - Musculus semispinalis capitis

1 - Musculus longissimus dorsi
2 - Musculus longissimus cervicis
3 - Musculus longissimus atlantis
4 - Musculus longissimus capitis
5 - Musculus multifidus cervicis

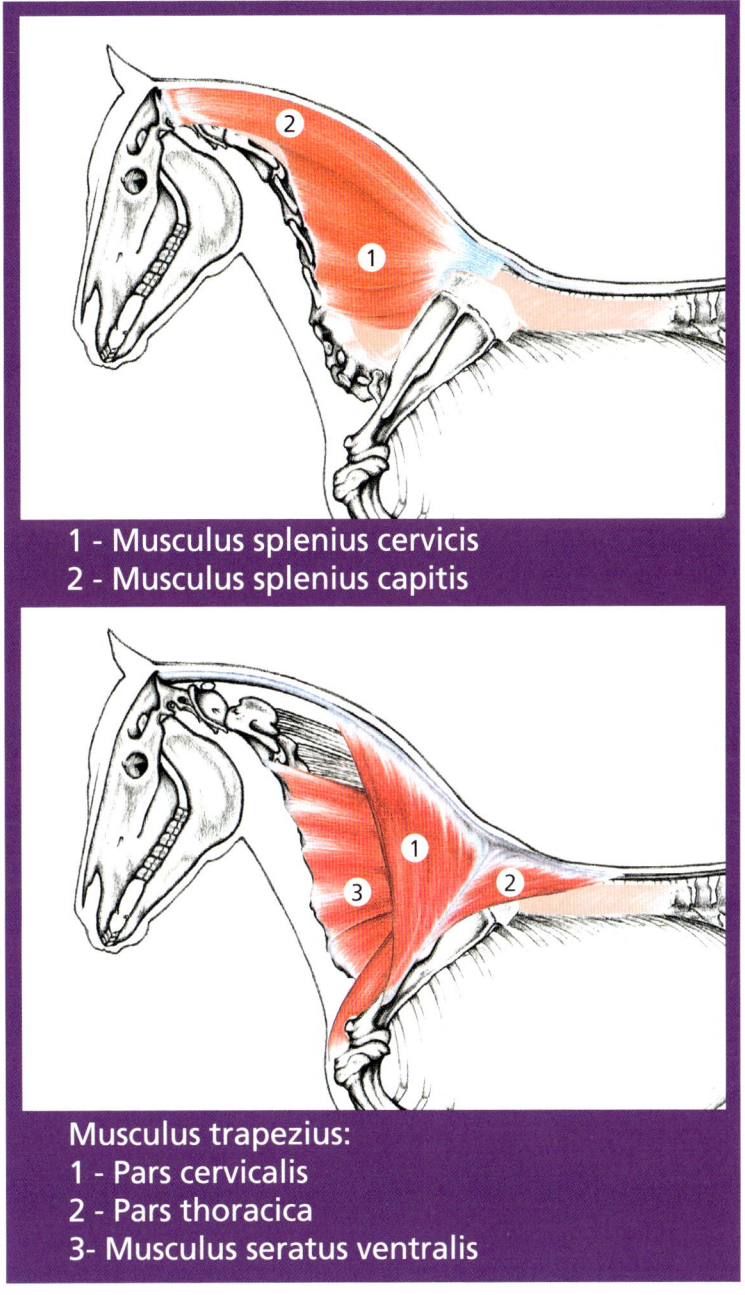

1 - Musculus splenius cervicis
2 - Musculus splenius capitis

Musculus trapezius:
1 - Pars cervicalis
2 - Pars thoracica
3- Musculus seratus ventralis

Die Muskeln die in Bild 3 zu sehen sind, liegen auf denen von Bild 2.
Fühlen kannst du nur die oberste Muskelschicht, die du auf Bild 4 findest.

Diese Muskeln können also die Widerristdornfortsätze nach vorn ziehen und das Rückenband spannen. Sie heben damit den Rücken. Hieraus kannst du ableiten, wie wichtig es ist, einem Pferd niemals (!) den Hals durch Zügelanzug zu verkürzen. Ein optimal entwickelter Oberhals zeigt dir deutlich an, dass ein Pferd gut gearbeitet wurde.

DIE KRUPPE UND
DIE HINTERHAND

Gut geformte Leistungskruppe.

Kruppe und Hinterhand sind der Motor eines Pferdes! Hier wird die Schubkraft nach vorne entwickelt. Ein Pferd, das mit den Hinterbeinen nicht schwungvoll unter den Körper tritt, kann nicht mit geschmeidig getragenem Rücken laufen.

Die Muskeln der Hinterhand des Pferdes sind dafür verantwortlich, dass die Hinterbeine nach vorne schwingen und kraftvoll abschieben können. Sind sie verspannt, kann ein Pferd nicht mehr wirklich schön gehen. Abgehackte und verkürzte Schritte und Tritte sind die Folge. Meistens ist ein verspannter Rücken die Ursache für kurze und/oder verspannte Tritte.

Aber was bedeutet das für den Reiter? Das heißt für dich, dass du darauf achten musst, dass dein Pferd immer fleißig vorwärts geht und nicht mit zu viel Zug am Zügel gebremst wird. Sonst kann der Pferderücken ja auch nicht mehr schwingen. Achte also immer darauf, dass die Hinterbeine deines Pferdes fleißig und aktiv sind! Unsere Ausbildungsskala nennt dafür den Begriff „Takt". Ein zu schnell gelaufenes Tempo wäre also auch falsch. Es ist wichtig, für jedes Pferd einen individuellen Takt zu finden.

Das Kniegelenk könnte weiter unter dem Körper stehen. Die Kruppe ist etwas zu kurz (siehe Seite 44).

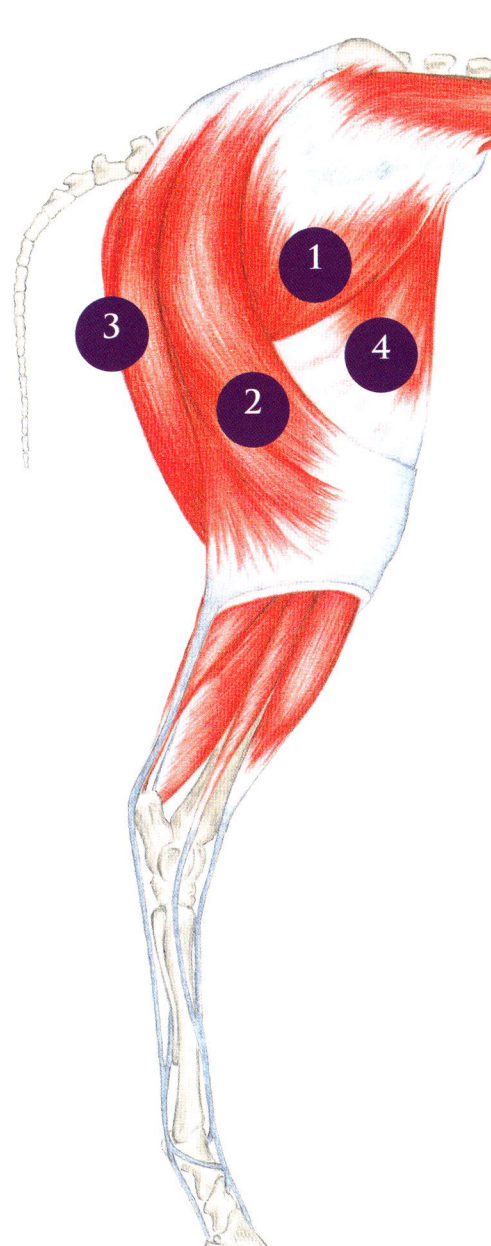

Die großen Muskeln der Kruppe und des Oberschenkels wirken je nach Bewegungsphase (Abschub-, Schwebe- oder Stützbeinphase) als Beuger oder Strecker der zugehörigen Gelenke.

1 Der Kruppenmuskel (M. glutaeus) beugt und streckt das Hüftgelenk. Er besitzt zwei unterschiedliche Muskelbäuche. Er ist direkt mit dem Rücken verbunden.

2 Der Zweiköpfige Oberschenkelmuskel (M. biceps femoris) streckt die Hüfte, das Knie und das Sprunggelenk, beugt das Knie und führt die Hintergliedmaße nach außen.

3 Der Halbsehnige Muskel (M. semitendinosus) streckt Hüfte und Sprunggelenk, der Halbhäutige (M. semimembranaceus) streckt ebenfalls die Hüfte und zieht die Gliedmaße an.

4 Der Vierköpfige Oberschenkelmuskel (M. quadriceps femoris) beugt die Hüfte, streckt das Knie und fixiert es.

59

In der Natur grasen Pferde durchschnittlich 18 Stunden pro Tag.

DER KÖRPER DES PFERDES UND WAS BEIM REITEN PASSIERT

NATÜRLICHE HALTUNG

Grasen ist für ein Pferd die natürlichste Haltung: der Kopf und der Hals sind nach unten vorwärts-abwärts gedehnt. In dieser Haltung suchen Wildpferde zwischen 17 und 19 Stunden am Tag ihr Futter. Der Körper des Pferdes ist also darauf ausgerichtet problemlos lange zu grasen. Und was passiert beim Reiten?

Dieser Schimmel geht in beispielhafter Dehnungshaltung; jedes Pferd sollte diese Dehnungsbereitschaft erwerben.

Ein Pferd kann mit langer Oberhalslinie das Reitergewicht und das seines Rumpfes problemlos tragen. Aus diesem Grund sollte man junge Pferde und Pferde in der Lösungsphase vorwärts-abwärts reiten. Diese Haltung nennt man Dehnungshaltung.

Loben trägt zur seelischen Entspannung bei.

Gerade junge Pferde haben noch nicht ausreichend Muskelkraft, um den Reiter mit aufgerichtetem Hals zu tragen. Wenn man sie nun in einer für sie natürlichen Haltung reitet, fällt es ihnen viel leichter, ihren Körper mit dem Reitergewicht auszubalancieren.

Ein vorwärts-abwärts gerittenes Pferd kann auf diese Weise im Gleichgewicht bleiben, so dass sein Rücken losgelassen und entspannt schwingen kann. Nur dann kann ein Pferd unverfälscht in allen drei Gangarten gehen und mit aktiver Hinterhand untertreten. Auch ein älteres und weiter ausgebildetes Pferd sollte diese Dehnungsbereitschaft nicht verlieren. Der geschmeidige Rücken ist Voraussetzung für ein unverspanntes Sitzen des Reiters und eine gefühlvolle Anlehnung.

DIE DEHNUNGS-HALTUNG

Ein Pferd, das in Dehnungshaltung geritten wird, kann also das Reitergewicht tragen, ohne krampfhaft zu versuchen, das zusätzliche Gewicht mit dem Langen Rückenmuskel zu tragen.

Ein zufriedenes Pferd in Dehnungshaltung ohne Sattel und Zaumzeug. Du sollst das auf keinen Fall nachmachen, du musst immer einen Helm tragen.

Es kann schwungvoll von hinten nach vorne treten, also seine Hinterbeine so benutzen, dass der Schwung von hinten nach vorne durch den Pferdekörper fließt – bis in die weiche Reiterhand.

Junge Pferde brauchen etwa ein bis zwei Jahre, bis sie das Reitergewicht soweit tragen können, dass man sie mit höherer Kopf-Hals-Haltung reiten kann, nämlich mit der sogenannten „relativen Aufrichtung". Diese ist also kein Selbstzweck. Das junge Pferd braucht die Dehnungshaltung, um seine Balance mit dem Reitergewicht zu finden. Das ältere, weiter ausgebildete Pferd kann sich in der Dehnungshaltung lösen. Die Dehnungsbereitschaft muss jedoch immer vorhanden und jederzeit abrufbar sein.

Dieser dreijährige Fjordwallach wird erst noch angeritten. Wir wünschen ihm einen verständnisvollen Reiter!

DAS VERMÖGEN JUNGER PFERDE
IM ÜBERBLICK

1 Junge Pferde sollen nicht länger als 10 Minuten zusammenhängend geritten werden. Dann werden sie müde und nehmen den Kopf hoch.

2 In diesem Moment darf man niemals weiterreiten und versuchen, ihren Kopf oder Hals gewaltsam in die „richtige" Haltung zu zwingen. Die Pferde brauchen stattdessen eine kurze Pause von etwa 5 Minuten mit hingegebenem Zügel.

3 Pferde sind nicht absichtlich widersätzlich, sondern haben meistens einen Grund, warum sie eine Übung nicht ausführen. Häufig sind es Muskelschmerzen, die den Widerstand hervorrufen.

DIE GRUNDGANGARTEN

Zu den sogenannten Grundgangarten zählt man drei Gangarten: Schritt, Trab und Galopp.

DER SCHRITT

Die langsamste Gangart ist der Schritt: Schritt ist eine Gangart im Viertakt. Zuerst setzt das rechte Hinterbein auf, dann das rechte Vorderbein, anschließend das linke Hinterbein und zuletzt das linke Vorderbein.

Der Hals führt eine rhythmische Nick- und Pendelbewegung aus. Das liegt daran, dass sich der Lange Rückenmuskel immer abwechselnd anspannt und entspannt. Wenn man die Nickbewegung von Kopf und Hals mit der Zügelhand verhindert, verspannt sich der Pferderücken und das Pferd kann keinen schönen, taktsicheren Schritt mehr gehen.

Im Schritt bilden die beiden rechten bzw. linken Beine ein „V".

65

Trab ist eine Gangart im Zweitakt mit einer Schwebephase dazwischen, also einer Phase, in der kein Pferdehuf den Boden berührt. Im Trab werden immer die diagonalen Beinpaare gleichzeitig gesetzt, also vorne rechts und hinten links gleichzeitig und vorne links und hinten rechts gleichzeitig. Durch diese Schwebephase ist der Trab für den Reiter etwas unbequemer. Wenn das Pferd im Rücken verspannt ist, können die Hinterbeine im Trab nicht mehr richtig nach vorne schwingen. Das sieht fast so aus, als würden die Hinterbeine des Pferdes nicht dazugehören. Bei showmäßig gerittenen Pferden, oft auch im Turniersport, kann man solche Bewegungsabläufe immer wieder sehen. Sie werden fälschlicherweise allzu häufig mit hohen Noten bewertet, weil die Vorderbeine „effekthascherisch" herausgeschleudert werden.

Im Trab sieht man deutlich, wie sich die diagonalen Beine gleichzeitig nach vorne bewegen.

66

DER GALOPP

Der Galopp ist eine gesprungene Gangart im Dreitakt. Man unterscheidet Rechts- und Linksgalopp. Im Linksgalopp springt das Pferd mit dem linken, im Rechtsgalopp mit dem rechten Hinterbein weiter unter den Körper, das jeweilige innere Vorderbein greift weiter vor. Die sechs Phasen des Galopps sind im oben gezeichneten Schema:

1 Einbeinstütze (äußeres Hinterbein)
2 Dreibeinstütze (äußeres Hinterbein, inneres Hinterbein der 1. Bewegungsphase, äußeres Vorderbein)
3 Zweibeinstütze (inneres Hinterbein, äußeres Vorderbein)
4 Dreibeinstütze (inneres Hinterbein, äußeres Vorderbein, inneres Vorderbein)
5 Einbeinstütze (inneres Vorderbein)
6 Schwebephase

Damit ein Pferd wirklich im Dreitakt springen kann, muss die Rückenmuskulatur geschmeidig sein.

Hier siehst du einen Linksgalopp.

PROBLEME DURCH
DEN REITER

Wird ein Pferd durch eine rückwärts wirkende Zügelhand zu stark beigezäumt, verspannt sich der Lange Rückenmuskel. Das führt dazu, dass beispielsweise der Schritt des Pferdes passartig wird, das heißt, dass der Viertakt des Schrittes sich zu einem Zweitakt verschiebt. Die beiden Beine auf einer Seite, also das Vorder- und das Hinterbein, bewegen sich gleichzeitig. Das Pferd läuft wie ein Kamel, es geht passartig oder Pass.

Reitet man ein Pferd so über einen längeren Zeitraum, dann wird der Lange Rückenmuskel fest und hart. Das Pferd bekommt Rückenschmerzen. Viele Lahmheiten haben ihren Ursprung in dieser spannungsgeladenen mechanisierten Reiterei! Derart unter Zwang gerittene Pferde werden häufig zu Korrekturpferden oder krank: Meist ist

SO NICHT!

SONDERN SO:

mit einer solch groben Hand auch ein schlechter, verspannter Sitz (Schiebesitz) verbunden. Lerne den leichten Sitz!

Auch im Trab verändert sich die Bewegung durch eine zu grobe Reiterhand und einen verspannten Sitz. Das Pferd tritt oft mit den Vorderbeinen spektakulär nach vorne, aber die Hinterbeine kommen nicht mehr richtig mit. Oskar Maria Stensbeck nannte das 1931 in seinem Buch „Reiten" den sogenannten „Turnier- oder Schautrab". So einen Trab sieht man leider immer wieder in Dressurprüfungen. Bei einem gut gerittenen Pferd wird die natürliche Fußfolge durch den Reiter niemals gestört:

REINHEIT DER GÄNGE

Der falsche, verspannte sogenannte „Schautrab" oder „Turniertrab" schadet den Pferden so sehr, dass sie Beinprobleme und Rückenschmerzen bekommen können. Viele Pferde halten die Spanntritte nicht lange aus. Sie verschleißen ihren Körper sehr schnell.

DIE KOPF-HALS-ACHSE

Wenn ein Pferd mit langem Hals und Nase an der Senkrechten geritten wird, kann sein Rücken frei und entspannt schwingen.

MAN UNTERSCHEIDET ALSO 3 HALTUNGEN:

1. Die natürliche Haltung mit getragenem Rücken (Dehnungshaltung, relative Aufrichtung -> Rückengänger)

2. Die hohe, zu enge Haltung mit hohlem Rücken (absolute Aufrichtung -> Schenkelgänger)

3. Die enge, zu tiefe Haltung mit überspanntem Rücken (Rollkur, Hyperflexion -> Spannrückengänger)

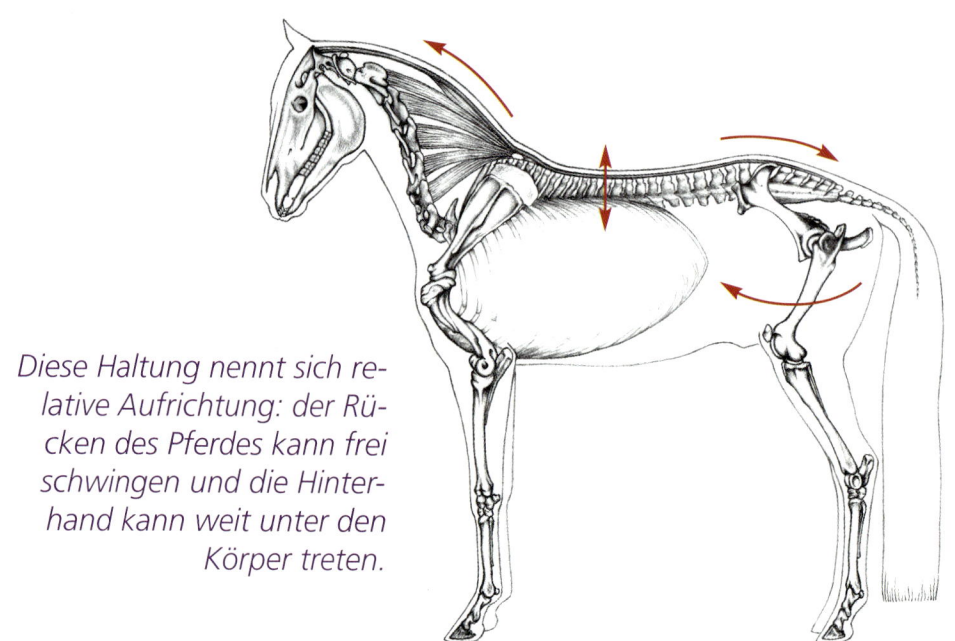

DIE NATÜRLICHE HALTUNG MIT GETRAGENEM RÜCKEN (RÜCKENGÄNGER)

Ein Pferd, das in dieser Haltung geht, läuft losgelassen und taktrein, der Rücken ist weich, geschmeidig und unverkrampft. Nach eineinhalb bis zwei Jahren unter dem Reiter kann ein Pferd in guter Balance die ersten leichteren Versammlungsgrade erreichen. Es kann mit den Hinterbeinen mehr Last aufnehmen und so seinen Schwerpunkt nach hinten verschieben.

Egal, ob man mit einem Pferd Dressur reitet, springt oder im Gelände unterwegs ist, nur wenn es im natürlichen Gleichgewicht geht, kann es gesund bleiben. Und nur wenn es gesund ist, bleibt es leistungsfähig und auch nervlich ruhig und ausgeglichen.

PFERDE AM LOSEN ZÜGEL

Pferde, die am zu langen, losen Zügel geritten werden, laufen schnell etwas schwunglos und manchmal machen sie auch Fehler im Takt. Aber diese Art zu reiten schadet ihnen in der Regel nicht.

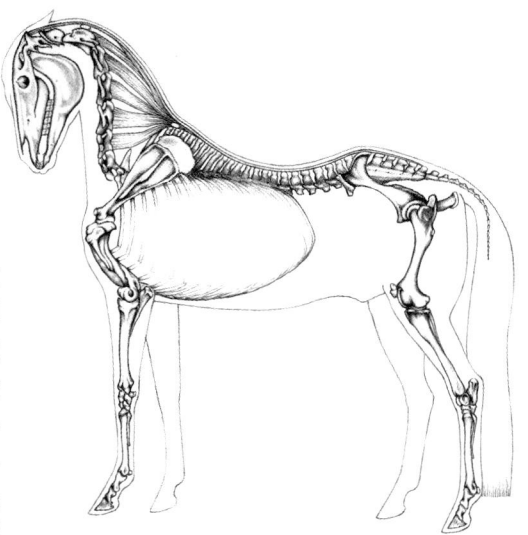

DIE HOHE UND ENGE KOPF-HALSHALTUNG MIT HOHLEM RÜCKEN (SCHENKELGÄNGER)

Für diese Haltung wird das Pferd mit viel Zügeleinwirkung enger und höher geritten. Der Reiter sitzt meist mit einem verspannten Schiebesitz und blockiert den Rücken des Pferdes. Die natürliche Balance geht verloren. In dieser Haltung gerittene Pferde werden oft unmotiviert und verspannen sich, manche Pferde wehren sich sogar gegen den Reiter, schlagen mit dem Kopf oder bocken. Zudem werden die Pferde krank, sie bekommen Rückenprobleme und Probleme mit den Beinen.

Bei mechanisch beigezäumten Pferden ist der Hals zu kurz, der Rücken nicht mehr getragen und die Hinterbeine können nicht mehr untertreten.

DIE AUFGEROLLTE HALTUNG MIT ÜBERSPANNTEM RÜCKEN (SPANN-RÜCKENGÄNGER)

Auch für diese Haltung wird das Pferd in eine unnatürliche Position gezwungen. Der Pferdekopf wird mit dem Zügel nach unten gezogen, der Rücken wird dadurch unnatürlich angehoben und kann nicht mehr geschmeidig arbeiten. Wenn Pferde über eine längere Zeit hinweg auf diese Art und Weise geritten werden, verändert sich ihr Rücken und ihre Hinterhand kann nicht mehr so weit unter den Körper treten. Zudem laufen diese Pferde vor dem Reitergewicht weg. Die Reiter versuchen dann durch noch mehr Ziehen die Pferde abzubremsen. Der Fachausdruck hierfür heißt Hyperflexion oder Rollkur. Sowohl seelisch als auch körperlich erleiden diese Pferde starken Streß. So etwas tut man seinem Pferd nicht an.

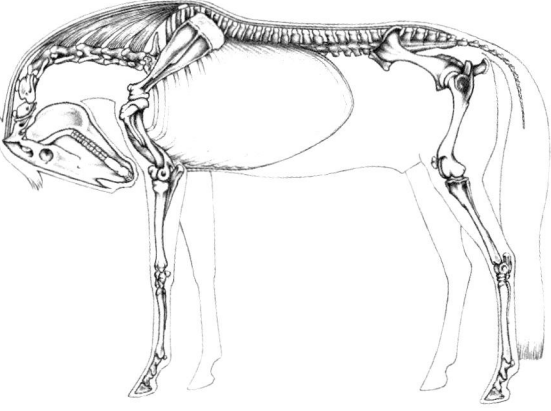

Wird der Kopf auf die Brust gezogen, wird der Rücken des Pferdes überstreckt und man sieht, dass die Hinterbeine hinten herausgestellt werden. Das Pferd gerät in eine starke psychische Streßsituation.

DIE ANATOMIE DEINES PFERDES

DIE WIRBELSÄULE

Die Brust- und Lendenwirbelsäule des Pferdes stellt eine Brücke zwischen den Vorder- und Hinterbeinen dar.

Die Halswirbelsäule ist der beweglichste Teil der Wirbelsäule.

Die Brustwirbelsäule hat im Bereich des Widerrists sehr lange Dornfortsätze.

An der Lendenwirbelsäule sitzt der kräftigste Teil des Langen Rückenmuskels. Dort ist er als Rumpfheber verankert.

Das Kreuzdarmbeingelenk ist ein sehr wichtiges Gelenk: Hier wird die gesamte Kraft aus den Hinterbeinen des Pferdes auf die Wirbelsäule übertragen.

DIE BÄNDER

Die wichtigsten Bestandteile der oberen Verspannung sind das Nackenband und das Rückenband.

DIE MUSKELN

Die langen Muskeln sorgen für Bewegung, die kurzen stützen das Skelett und sind für die Koordination zuständig.

Der Lange Rückenmuskel ist für das seitliche Biegen und Strecken von Hals und Rücken verantwortlich. Er ist nicht zum Tragen da. Als Heber des Rumpfes ist er einer der stärksten Bewegungsmuskeln im Körper des Pferdes.

DER PFERDERÜCKEN

Vom Langen Rückenmuskel hängt es wesentlich ab, ob das Pferd mit verspanntem, losem oder getragenem Rücken laufen kann.

Ein Pferd, das einen sogenannten „losen Rücken" hat, geht locker mit wenig Schwung.

Der getragene Rücken ist das Ziel unserer Ausbildung.

Pferde, deren Rückenmuskulatur verspannt ist, drücken den Rücken nach unten weg und können dann ihre Hinterbeine nicht mehr richtig unter den Körper setzen.

Der Rücken wird nicht allein von der oberen Muskulatur gehalten, sondern auch von unten „gestützt". Die Bauchmuskeln haben aber keine wirklich tragende Funktion, sie sind Bewegungsmuskeln und eine Hängematte für die Bauchorgane.

DIE HALSMUSKULATUR

Ein Pferd hat einen schönen Hals, wenn die Oberhalsmuskulatur gut entwickelt ist. Wenn es in Dehnungshaltung läuft, zieht die Oberhalsmuskulatur – gemeinsam mit dem passiv wirkenden Nackenband – die Dornfortsätze des Widerrists nach vorne.

DIE KRUPPE UND DIE HINTERHAND

Kruppe und Hinterhand sind der Motor eines Pferdes! Hier wird der Schwung nach vorne entwickelt. Die Hinterhandmuskulatur stellt also die Schub-, Sprung- und Tragkraft zur Verfügung.

Reiter in vorbildlichem Gleichgewichtssitz, Pferd in exzellenter Haltung im Rechtsgalopp.

KAPITEL 5

DIE AUSBILDUNG VON PFERDEN

MIT RUHE UND GEDULD

Die Ausbildung von Pferden braucht Zeit. Junge Pferde müssen sich erst einmal an den Menschen gewöhnen und Vertrauen gewinnen. Das fängt schon beim Aufhalftern und Anbinden an, ebenso wie beim Hufe auskratzen. All dies ist für junge Pferde neu und ungewohnt und man muss es ihnen in Ruhe zeigen. Je sorgfältiger diese vertrauensbildende Phase aufgebaut wird, umso reibungsloser geht das Anreiten des jungen Pferdes vonstatten.

Bis es soweit ist, dass man mit seinem Pony springen kann, ist es ein weiter Weg!

DIE SKALA DER AUSBILUNG

Die Grundlage der Ausbildungsrichtlinien der FN ist die Skala der Ausbildung. In ihr werden die Inhalte der Pferdeausbildung in einer logischen Folge festgelegt: Takt, Losgelassenheit, Anlehnung, Schwung, Geraderichten und Versammlung.

Ein Pferd soll lernen, unter dem Reiter taktmäßig und rhytmisch zu gehen. Alle drei Grundgangarten sollen taktrein bleiben. Nur so kann ein Pferd zur Losgelassenheit finden. Es sollte mit weicher Anlehnung, das heißt mit weicher Verbindung zur Reiterhand gehen. So kann es mit der Zeit lernen, sich schwungvoll zu bewegen.

ENTWICKLUNG DER TRAGKRAFT

ENTWICKLUNG DER SCHUBKRAFT

GEWÖHNUNGSPHASE

Die Skala der Ausbildung ist kein statisches Konstrukt. Die einzelnen Kriterien fließen ineinander und bedingen einander. Sie sind eine sehr wichtige Richtschnur bei der Ausbildung unserer Pferde.

Im weiteren Verlauf der Ausbildung wird das Pferd geradegerichtet.

Jedes Pferd ist von Geburt an schief. Das ist vergleichbar mit der Händigkeit eines Menschen. Im Laufe einer guten Ausbildung werden die Pferde auf beiden Händen gleichmäßig geschmeidig und bereit, sich zu stellen und zu biegen. Sie bewegen sich auch auf gebogenen Linien mit den Hinterbeinen nach vorne Richtung Schwerpunkt. Die Hinterhand beginnt zu tragen.

Je besser sie ausgebildet werden, desto gleichmäßiger wird ihre Muskulatur und sie gehen deutlich gerader. Man kann das sogar von unten erkennen: Achte einmal darauf, ob die Hinterbeine eines Pferdes in der gleichen Spur laufen, wie die Vorderbeine. Wenn nicht, ist das Pferd schief. Im Laufe seiner Ausbildung kann ein Pferd nach eineinhalb bis zwei Jahren die ersten versammelnden Lektionen erlernen. Dann sind wirklich alle Punkte der Skala der Ausbildung erreicht: Takt, Losgelassenheit, Anlehnung, Schwung, Geraderichten, Versammlung. Selbstverständlich stehen sie in einer logischen Folge und fließen während der Ausbildung ineinander.

So harmonisch sieht es aus, wenn die Grundausbildung stimmt.

Fehlt beispielsweise die Losgelassenheit, dann kann das Pferd gar nicht schwungvoll traben und auch die Geraderichtung wird für das gesamte Leben eines Pferdes eine große Bedeutung behalten. Sie kann ständig verbessert und verfeinert werden.

Mit zunehmender Losgelassenheit und Akzeptanz der Hilfen wird das Pferd immer durchlässiger.

Die Durchlässigkeit ist das Ziel jeder Pferdeausbildung und dementsprechend ebenso wichtig für Dressur- und Springpferde wie auch für Freizeitpferde. Mit Durchlässigkeit meint man, dass das Pferd oder Pony die Reiterhilfen ohne Zögern und Widerstand annimmt. Jedes Pferd braucht eine richtige Grundausbildung, um uns Menschen ohne Probleme tragen zu können. Ganz egal, ob es einmal in Dressur- oder Westernprüfungen starten oder „nur" durch den Wald geritten werden soll.

Auf keinen Fall darfst du derartige Übungen ohne Helm nachmachen! Diese Mädchen gehen ein zu hohes Risiko ein.

Bis du in dieser fantastischen Freiheit mit deinem Pferd arbeiten kannst, dauert es sehr lange. Wir wollen in keinem Fall gegen Sattel und Zaumzeug sprechen. Wir wollen dir nur dieses vertrauensvolle Miteinander nahe bringen, welches das Ziel jeder Ausbildung im Sattel und am Boden sein sollte.

Schonend für den Rücken – der Entlastungssitz.

Anlehnung bezeichnet die weiche Verbindung der Zügelhand zum Pferdemaul. Wichtig ist, dass diese Verbindung gefühlvoll und gleichmäßig ist. Anlehnung kann man nicht durch Ziehen am Zügel erzwingen. Ohne Sitz- und Schenkelhilfen des Reiters gibt es keine korrekte Anlehnung.

Und nur, wenn der Rücken eines Pferdes geschmeidig schwingen kann, kann das Pferd im Maul so entspannt sein, dass eine weiche Anlehnung möglich ist.

FAKTEN

ES KANN NICHT OFT GENUG GESAGT WERDEN:

Anlehnung kann man nicht mit Zug am Zügel erzwingen. Das Pferd muss von hinten nach vorne locker an die Hand herantreten. Wer am Zügel zieht, der hindert das Pferd daran, den Rücken aufzuwölben! Also: Vorsicht mit der Zügelhand!

Ein Pferd, dessen Maul mit einem zu engen Reithalfter verschnürt ist, wird nie in der Lage sein, in guter Anlehnung zu gehen, da es am Kauen gehindert wird. Anlehnung ist nur mit einem beweglichen Maul möglich. Das Kauen ist ein „Muss" für jedes Pferd.

Anlehnung hat immer etwas mit weicher, vorsichtiger Zügelführung zu tun. Niemals darf man versuchen, ein Pferd mit Gewalt in Anlehnung zu reiten. Ebenso vorsichtig, wie man ein Pferd an den Zügel reitet, muss man auch die Trense verschnallen.

Das Reithalfter darf nicht zu eng verschnallt sein.

Achte deshalb bei deinem Reithalfter immer darauf, dass es locker ist und deinem Pferd ausreichend Raum gibt, seinen Unterkiefer zu bewegen. Zwei aufrecht stehende Finger sollten auf dem Nasenrücken unter den Sperr-Riemen passen. Das Pferd oben auf dem Bild trägt gar keinen Sperr-Riemen, sondern nur ein englisches Reithalfter. Damit kann es, wenn es locker verschnallt ist, gut kauen und atmen.

Das Hannoversche Reithalfter darf nicht so tief sitzen, dass es die Atmung stört.

81

Dass eine zu grobe Zügelhand dem Pferd Schaden zufügt, wird schnell klar, wenn man sich den Körperbau des Pferdes noch einmal ansieht: Kopf und Hals sind ganz oben im Genick miteinander verbunden. Wenn man nun

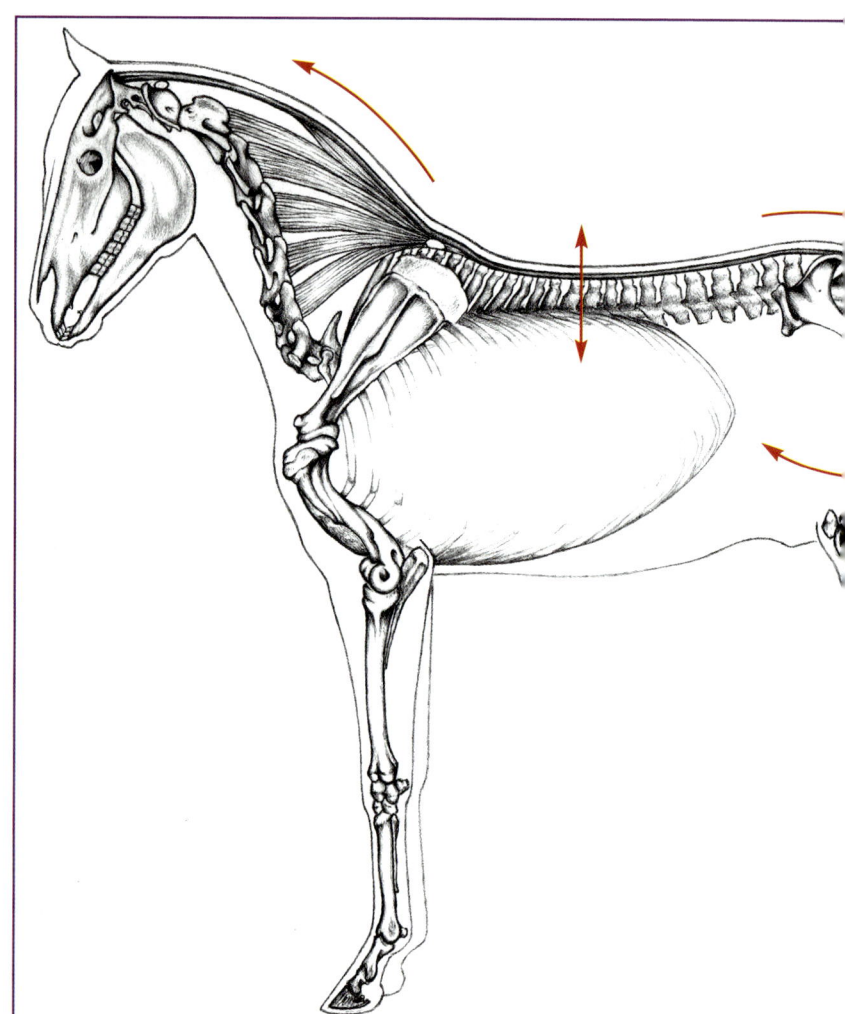

So ist das Pferd in richtiger Aufrichtung. Der Rücken ist unverspannt und die Hinterhand kann weit unter den Körper treten.

mit viel Kraft am Gebiss zieht, wirken starke Kräfte oben auf das Genick und am Nackenbandansatz. Das wiederum führt zu Verspannungen im Rücken des Pferdes. Dein Pferd wird steif, unrittig und wehrt sich gegen deine Hilfen oder es wird triebig und phlegmatisch.

Richtig geritten wird ein Pferd, wenn es in einer altersentsprechenden Balance mit geschmeidiger Muskulatur geht. Sitzt der Reiter entsprechend, dann kann ein solches Pferd von hinten an die gefühlvolle Reiterhand herantreten. Anlehnung entsteht also durch Schub von hinten, nicht durch Zug von vorne! Das Pferd tritt zur Hand und nicht die Hand zieht rückwärts.

Auf dem Bild links sieht man den Körper eines Pferdes in relativer Aufrichtung. Der Kopf ist nicht heruntergezogen, der Hals nicht nach unten gezerrt – im Gegenteil: Das Pferd geht in einem natürlichen Gleichgewicht – das Ergebnis ruhiger, gefühlvoller Ausbildung. Anlehnung kann man nicht mit Gewalt erzwingen. Hilfszügel können zwar helfen, dem Pferd zu zeigen, wie es den Hals fallen lassen kann, sollten aber niemals eine Position des Kopfes und Halses erzwingen. Die richtige Anwendung von Martingal und Dreieckszügeln kann dir dein Reitlehrer zeigen. Schlaufzügel sind äußerst gefährliche Hilfszügel. Sie wirken extrem rückwärts und können bei falscher Anwendung Pferde körperlich und seelisch extrem schädigen. Am besten: du verwendest sie NIE!!! Sie verdoppeln die Kraft deiner Hände und sorgen für einen kurzen Pferdehals und damit für einen verspannten Rücken. Die Nachteile kennst Du schon!

83

*Gut sitzender
Reiter auf einem
balancierten
Pferd im freien
Schritt.*

JUNGE PFERDE

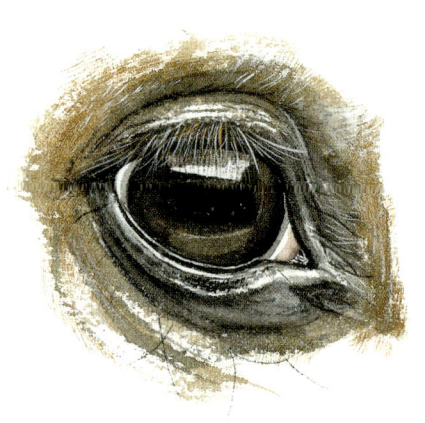

In den ersten anderthalb Jahren sollen junge Pferde erst einmal lernen, den Reiter im Gleichgewicht zu tragen. Takt, Losgelassenheit und Anlehnung sind die Ziele der ersten Grundausbildung.

Zu viel Handeinwirkung schadet in dieser Phase der Entwicklung des junges Pferdes enorm. Es muss erst einmal ausreichend Skelettmuskulatur entwickeln, bis es zum Reitpferd wird. Gerade junge Pferde sollten erst einmal locker mit natürlicher Kopf-/Halshaltung gehen dürfen. Sie müssen sich zunächst unter dem Reiter ausbalancieren, Gleichgewicht und Takt sind für sie gar nicht so einfach. Diese Grundausbildung dauert natürlich nicht eben schnell mal drei Wochen, sondern je nach Pferd bis zu zwei Jahre. Im Gelände lernen junge Pferde übrigens am besten, mit Schwung vorwärts zu gehen. Aber auch für ältere Pferde ist ein Geländeritt ein gutes Training!

Ausreiten macht nicht nur den Pferden Spaß!

Zudem macht so ein Ausritt auch eine Menge Spaß und junge Pferde lernen dort viele neue Dinge kennen, die ihnen später immer wieder begegnen. Schließlich sollte ein Pferd nicht wegen jedem Traktor in den Graben springen!

SCHWUNG

Wir haben nun schon öfter gelesen, dass Pferde schwungvoll gehen sollen – und Schwung ist auch ein Bestandteil der Skala der Ausbildung. Aber was ist mit Schwung eigentlich gemeint?

Für den richtigen Schwung muss ein Pferd von hinten nach vorne schwungvoll treten können, das heißt, es

darf nicht im Rücken fest sein und nicht mit harter Hand vorne blockiert werden. Ein Pferd, das zu stark am Zügel gehalten wird, kann nicht mit Schwung traben oder galoppieren. Aber auch ein Pferd, das am langen Zügel latscht, entwickelt keinen Schwung.

Zur Schwungentwicklung gehört immer ein kräftig schiebendes Hinterbein, das auch schon gelernt hat, Gewicht aufzunehmen. Der Körper braucht eine positive Körperspannung, die wiederum von einer guten Anlehnung abhängt.

Auch iberische Pferde können schwungvoll traben, wenn die gute Anlehnung und die positive Spannung im Rücken gegeben ist.

MERKE: Schwung kommt immer aus dem Hinterbein, niemals aus dem verspannten Rücken.

WIE MAN RICHTIG AUSBILDET

Zur Grundausbildung eines Pferdes gehört in den meisten Fällen die Arbeit vom Boden aus: das Longieren. An der Longe werden die jungen Pferde an Sattel und Trense gewöhnt und lernen die Stimmhilfe des Reiters kennen.

Auch an der Longe müssen die Grundlagen der Skala der Ausbildung gelten. Wenn beim Longieren das Pferd

SO NICHT!

SONDERN SO:

zu eng ausgebunden wird, kann das Pferd nicht mehr in Anlehnung oder schwungvoll gehen.

Das Pferd auf dem Bild oben links ist viel zu eng ausgebunden, Hals und Rücken sind fest. Losgelassenheit ist nicht mehr möglich!

Ob man mit richtig verschnallten Dreieckszügeln oder mit Ausbindern longiert, ist Ansichtssache. Manchen Pferden helfen korrekt verschnallte Hilfszügel. Bei sehr vielen Pferden erzielt man wunderbare Ergebnisse beim Longieren am blanken Kappzaum.

Da das Pferdemaul sehr empfindlich ist, solltest du die Longe nicht in das Trensengebiss einschnallen. Besser zum Longieren ist ein weich gepolsterter Kappzaum.

An einem Kappzaum befinden sich Ringe für die Longe. Das Gebiss kann sogar herausgeschnallt werden.

87

Versammlung und Aufrichtung – alles ganz natürlich!

DIE SEITENGÄNGE

Ein Pferd kann von Natur aus immer geradeaus und auch vorwärts-seitwärts gehen. Die Seitwärtsbewegung schadet auch jungen Pferden nicht, sondern hilft ihnen zu lernen, mit den Hinterbeinen weit unter den Körper zu treten. Nach den Richtlinien der FN sind Seitengänge wie Schulterherein, Travers und Renvers nur versammelnd wirkende Übungen. Schenkelweichen ist demnach kein Seitengang. Wir bezeichnen in diesem Buch der Einfachheit halber alle Seitwärtsbewegungen als Seitengang und unterscheiden lösende (Schenkelweichen) und versammelnde (Schulterherein, Travers, Renvers) Seitengänge.

Seitengänge eignen sich sehr gut, um Pferde sensibler für deine Hilfen zu machen und das Pferd zu gymnastizieren. Du kannst sie, mit Hilfe eines guten Reitlehrers, auch selbst lernen. Voraussetzung ist, dass dein Pferd die ersten drei Punkte der Ausbildungsskala erlernt hat und du einen geschmeidigen, unabhängigen Sitz beherrschst.

Zu Beginn jeder Reitstunde musst du dein Pferd aufwärmen, das heißt, du lockerst die Muskulatur deines Pferdes. Dazu reitest du Schritt auf großen, gebogenen Linien und trabst leicht. Und wenn dein vierbeiniger Freund dann freudig und schwungvoll vorwärts trabt, kannst du den ersten Galopp mit einbeziehen. Nach dieser ersten Aufwärmphase beginnst du dann mit lösenden Seitengängen wie Übertreten und Schenkelweichen. Die Übungen machen dein Pferd beweglich, entspannen den Rücken und sensibilisieren es für deine Schenkelhilfen. Du solltest aber, bevor du damit beginnst, einen guten balancierten Sitz und eine gefühlvolle Reiterhand haben.

FAKTEN

IMMER SEITWÄRTS

Zu den Seitengängen gehören:

- Schenkelweichen (lösend)
- Schulterherein (versammelnd)
- Travers (versammelnd)
- Renvers (versammelnd)
- Traversale (versammelnd)

89

Fein geritten sieht es genauso schön und harmonisch aus, wie bei dem freien Pferd auf der Koppel! (Hier Schenkelweichen im Trab.)

Die Traversale ist auch ein gymnastizierender Seitengang.

DAS SCHENKELWEICHEN

Das ist eine lösende Lektion, bei der das unter den Körper tretende Hinterbein am Schwerpunkt des Pferdes vorbei tritt. Außerdem ist das Pferd im Genick nach innen gestellt, allenfalls minimal gebogen. Im Moment des Untertretens spannt der sich bewegende Oberschenkelknochen eine Bandverbindung zum Rücken und hebt diesen leicht an. Die Rückenmuskulatur entspannt sich. Reitest du diese Übung ruhig und mit einem geschmeidigen Sitz, dann sorgt die Bauchmuskulatur, die über eine Muskelkette mit Unterkiefer und Zungenbein verbunden ist, dafür, dass das Pferd zu kauen beginnt und sich das Genick entspannt. Die Übung ist zusammen mit dem Schulterherein eine sehr wichtige Lektion für die Ausbildung deines Pferdes.

DER NUTZEN DIESER ÜBUNG

SCHENKELWEICHEN IST GUT FÜR:

- Gewöhnung an den seitwärtstreibenden Reiterschenkel
- Losgelassenheit
- entspannte Muskulatur in Rücken und Genick
- Vorbereitung anderer Übungen wie Schulterherein
- Verbesserung der Anlehnung
- Geraderichten des Pferdes

Versammlung kann so leicht und spielerisch aussehen!

WAS IST DIE VERSAMMLUNG?

Du hast schon gelesen, dass die Versammlung der letzte Punkt der Ausbildungsskala ist. Viele Reiter sind der Meinung, sie würden ihr Pferd versammeln, wenn sie ihm den Kopf herunterziehen. Außerdem glauben sie, man könne ein Pferd mit einem angespannten Schiebesitz und klemmenden Schenkeln (Wäscheklammersitz) zusammenschieben. Versammlung ist eine Form der Balance, in der das Pferd kürzer wird und seinen Schwerpunkt mehr nach hinten verschiebt, indem es die großen Gelenke der Hinterbeine in der Stützbeinphase vermehrt beugt und hinten vermehrt Last aufnimmt. Der Reiter kann das nicht mechanisch erzwingen. Sonst verspannt sich nämlich der Rücken des Pferdes und es passiert das genaue Gegenteil: Das Pferd kommt auf die Vorhand. In der Versammlung sollen die Pferde ästhetischer, schöner und leichtfüßiger werden. Sie lassen dann ihren Reiter bequem sitzen.

PIAFFE EINES NACH KLASSISCHEN GRUNDSÄTZEN AUSGEBILDETEN PFERDES.

Die gesetzte, vermehrt tragende Hinterhand lässt das Pferd „bergauf" gehen. Selbsthaltung des natürlich aufgerichteten Pferdes.

PIAFFE EINES VON „VORNE NACH HINTEN" GEARBEITETEN PFERDES.

Die „aktive" erzwungene Aufrichtung und die gespannte Rückenmuskulatur verhindern das Vortreten der Hintergliedmaßen. Gespannte Tritte anstelle wirklicher Versammlung.

Drei Zeichnungen nach Professor Schnitzer 1996

92

Der Vergleich der Resultate unterschiedlicher Ausbildungsweisen.

So eine Piaffe sieht toll aus! Aber dass nicht jede Piaffe wirklich toll geritten ist, das kannst du an den Bildern erkennen.

Wirklich gut, und damit auch gut für das Pferd, ist eine Piaffe nur, wenn das Pferd tatsächlich mit den Hinterbeinen weit unter den Körper treten kann. Dann nimmt die Hinterhand – wie man unter Reitern so schön sagt – „mehr Last auf". Das Pferd wirkt stolzer und wird vorne größer.

Das Gegenteil einer schönen Piaffe ist, wenn Pferde auf der Stelle stehen und trampeln: der Kopf ist festgezogen und die Hinterbeine treten auf der Stelle. Ganz ehrlich: Wirklich schön ist das nicht – und für die Pferde ist es Zwang!

93

DER EINFLUSS DES KÖRPERBAUS DES PFERDES AUF SEINE AUSBILDUNG

Wenn man genauer hinsieht, erkennt man, dass Pferde nicht nur verschiedene Farben, sondern auch einen unterschiedlichen Körperbau haben. Die einen haben einen langen Rücken, andere wiederum einen kürzeren, wieder andere haben einen längeren Hals als andere usw. Je nachdem, wie der Körper eines Pferdes gebaut ist, fallen dem Pferd manche Übungen unter dem Sattel leichter als andere. Ein Pferd mit einem kurzen Hals hat eventuell Schwierigkeiten, sich vorwärtsabwärts zu dehnen, und eines mit einem kurzen Rücken schwingt nicht so einfach mit entspannter Rückenmuskulatur. Auch die Stellung und Winkelung der Beine spielt eine Rolle. Ein Pferd mit eher geraden Hinterbeinen kann seine Beine nicht so weit unter den Schwerpunkt bringen, also nicht so gut versammelt werden, wie eines mit besserer Winkelung. Man muss ein Pferd aber natürlich immer so reiten, wie es zu seinem Körper passt. Man darf es nicht zwingen, anders zu gehen. Der Körperbau eines Pferdes bestimmt seinen Ausbildungsweg.

94

Unsere Sportpferde, die Warm-
blutpferde, haben heute in der
Regel einen sehr gut zum Reiten geeigneten Körperbau. Seit Jahrzehnten
werden sie so gezüchtet, dass sie eine sehr
große Eignung fürs Springen oder die Dressur
mitbringen. Je nach vorgesehenem Einsatz haben die anderen Rassen einen Körperbau, der für
die eine oder andere Sportart besser oder
schlechter geeignet ist. Diese anatomischen Unterschiede bei den Rassen sind das Ergebnis jahr-
hundertelanger Zucht.

Ein Reitpony beispielsweise eignet sich meist
ebenso gut wie ein Warmblüter für die Disziplinen Dressur oder Springen. Ein Vollblutaraber ist
eher ein Langstreckenläufer. Seine Lieblingsdis-
ziplin ist der Ausdauersport Distanzreiten. Der
Haflinger hingegen ist meistens sehr gut zum
Fahren geeignet – wobei es immer mehr sportliche
Haflinger gibt, die auch in den kleinen Turnierklassen
unter dem Sattel eine gute Figur machen.

Nimm Rücksicht auf das, wozu dein
Pferd in der Lage ist, und verlange nie
etwas, was es gar nicht leisten kann!

95

*Eines für alles: Einige
Pferde oder Ponys sind
sehr vielseitig, anderen
liegt manches gar nicht.
Finde heraus, was dei-
nem Pferd Spaß macht!*

„Am Zügel gehen"
funktioniert nur
ohne Zwang.

DER KOPF MUSS RUNTER?!

Wenn man sich in den Reithallen und auf den Dressur-plätzen umsieht, dann erblickt man häufig das gleiche Bild: Menschen zerren an den Zügeln und versuchen, ihren Pferden die Köpfe herunter zu ziehen. Sie alle glau-ben: Der Kopf muss runter!

Ein Pferd, das losgelassen geht, sollte tatsächlich den Hals fallen lassen können und dann in Anlehnung gehen. Der Unterschied liegt darin begründet, dass dir das gut gerittene Pferd sein Genick gibt. Bei vielen Pferden hat sich der Reiter das Genick einfach genommen. Das ist dann grober Zwang. Um den Unterschied zu verstehen, muss man sich das Pferd einmal ganz genau ansehen.

Du hast nun schon eine ganze Menge über Pferde und ihren Körper gelesen und weißt wahrscheinlich schon Bescheid: Man kann Pferde nicht richtig reiten, wenn man an ihren Köpfen herumzieht! Davon werden sie nur krank.

Richtiges Reiten ist sehr fein und vorsichtig. Dabei werden keine Köpfe herunter gezogen, denn Pferde mit geschmeidigem Rücken und weit nach vorne schwingender Hinterhand lassen den Hals fallen und suchen die Anlehnung.

Kümmere dich um deinen Sitz!

Eine schöne Vorstellung, oder?

Das Gute daran ist, dass das eigentlich viel einfacher ist und viel mehr Spaß macht. Denn wenn man Pferde richtig reitet, haben sie auch viel mehr Freude bei der Arbeit und gehen schwungvoller vorwärts! Und es macht richtig Spaß auf einem Pferd zu sitzen, das voller Energie vorwärts geht und zufrieden kauend schnaubt!

Du musst dir jetzt unbedingt nochmals in Erinnerung rufen: Ein geschmeidiger unverkrampfter Sitz ist die Voraussetzung dafür, dass dein Pferd sich unter dir überhaupt entwickeln kann!

Achte darauf, dass die Augen deines Pferdes immer wach und neugierig bleiben…

97

KEINE LUST?

Das kennen wir alle von uns selbst. Manchmal hat man zu irgendetwas keine Lust, und dann macht man etwas ganz schlampig oder einfach gar nicht. Und manchmal geht einem jemand so auf den Wecker, dass man sich überlegt, wie man ihn ärgern kann. So etwas ist typisch für uns Menschen, aber nicht für Pferde.

Ein Pferd, das eine Übung nicht richtig ausführt, hat sie entweder nicht verstanden, oder es kann sie gar nicht machen, weil ihm etwas weh tut. Pferde überlegen sich nicht, wie sie uns ärgern können oder machen etwas absichtlich falsch. Deshalb darf man ein Pferd niemals für einen Fehler bestrafen, es könnte gar nicht verstehen, wofür!

Ganz egal, ob du ein junges Pferd reitest, das noch viel lernen muss und sich noch nicht so lange konzentrieren kann, oder ein älteres, das sich schon gut auskennt: Nimm stets Rücksicht auf dein Pferd! Es ist immer bemüht, es dir Recht zu machen!

DIE AUSBILDUNG VON PFERDEN

DIE SKALA DER AUSBILDUNG

Die Skala der Ausbildung ist Grundlage der Reitlehre der FN.

ANLEHNUNG

Anlehnung darf man nicht erzwingen.

JUNGE PFERDE

In den ersten anderthalb Jahren sollen junge Pferde erst einmal lernen, den Reiter zu tragen. Takt, Losgelassenheit und Anlehnung sind die ersten Ziele der Grundausbildung.

SCHWUNG

Zum Schwung gehört immer ein aktives Hinterbein, das das Pferd quasi von hinten nach vorne schiebt.

GRUNDAUSBILDUNG

Zur Grundausbildung gehört das Longieren. Aber auch an der Longe müssen die Grundlagen der Skala der Ausbildung gelten.
Vorsicht: Keine zwanghafte Verschnürung beim Longieren!

DIE SEITENGÄNGE

Seitengänge sind sehr gut zur Schulung von Reiter und Pferd.

VERSAMMLUNG

Versammlung ist die Krönung der Ausbildung und kann nicht mit harter Hand erzwungen werden!

DER EINFLUSS DES KÖRPERBAUS

Nimm Rücksicht auf das, wozu dein Pferd in der Lage ist, und verlange nie etwas, was es gar nicht leisten kann!

DER KOPF MUSS RUNTER?!

„Am Zügel gehen" funktioniert nur ohne Zwang.

KEINE LUST?

Strafe ein Pferd niemals für einen Fehler – es ärgert dich nicht absichtlich!

Vertrauen ist das Fundament für eine gemeinsame Zukunft.

KAPITEL 6

DU UND
DEIN PFERD

ALLES WAS DICH UND
DEIN PFERD GLÜCKLICH
MACHEN KANN!

Du magst Pferde? Dann verbringst du auch gern deine Zeit mit ihnen? In diesem Kapitel findest du eine Menge Tipps, was man mit Pferden und Ponys alles machen kann. Da gibt es nämlich eine ganze Menge – außer Reiten natürlich. Und auch beim Reiten kann man ziemlich viele verschiedene Sachen machen. Hauptsache, es wird nicht langweilig und tut auch deinem Pferd gut!

Reiten soll Pferd und Reiter Spaß machen!

GRUNDSÄTZLICHES

Weißt du noch, warum du angefangen hast zu reiten? Vielleicht, weil du Pferde wunderschön findest und davon geträumt hast, mit einem Pferd über eine Wiese zu reiten? Oder hast du wirklich davon geträumt, in der Reithalle immer wieder die gleichen Runden zu drehen und dabei am Zügel zu ziehen? Wahrscheinlich nicht! Aber trotzdem ist es genau das, was in vielen Reitstunden passiert. Träge Pferde latschen hintereinander her, frustrierte Reitschüler zerren an den Zügeln und eigentlich macht das keinem Spaß! Das muss nicht sein! Es gibt tollen Reitunterricht, der richtig Spaß macht und bei dem man viel lernt! Dadurch bekommt man motivierte und ausgeglichene Pferde, die auf feine Hilfen reagieren.

Überprüfe einmal deinen Reitunterricht (siehe Checkliste), ob er dir und deinem Pferd wirklich gut tut.

> ## FAKTEN
>
> ### DAS PFERD GEHT VOR
>
> Nicht nur dir, sondern auch deinem Pferd muss das Reiten Spaß machen. Dazu muss es ihm gut gehen. Reite niemals, wenn du den Verdacht hast, dein Pferd könnte krank sein oder Schmerzen haben! Einem Pferd, das nicht frisst oder teilnahmslos in seiner Box steht, dem geht es wahrscheinlich nicht gut.

WAS DU BRAUCHST

Zum Reiten brauchst du ein Pferd, das fit und gesund ist und einen guten Reitlehrer   sonst eigentlich nicht viel:

Ein unbedingtes Muss ist ein Reithelm. Er sollte eine Sicherheitsprüfung und eine Dreipunktbefestigung haben, damit er auch bei einem Sturz nicht vom Kopf rutscht.

Eine Reithose braucht man in der ersten Schnupperstunde noch nicht, da genügt auch eine gut sitzende Jeanshose. Wenn man sich dazu entschlossen hat, doch öfter zum Reiten zu kommen, dann leistet eine Reithose gute Dienste. Sie scheuert nämlich nicht, weil sie einfach glatter am Bein sitzt und innen am Bein keine Nähte hat.

Reitstiefel geben mehr Halt im Steigbügel und helfen einem, das Bein ruhiger am Pferd liegen zu lassen. Eine prima Alternative zu Stiefeln sind Chaps oder Wadenchaps. Sie sind meist aus Wildleder oder Lederersatz und werden zum Reiten um die Wade gelegt und mit Klettverschluss oder Reißverschluss geschlossen.

Und was trägt man oben rum? Praktisch soll es sein und zweckmäßig, d. h. bequeme T-Shirts oder Sweat-Shirts sind prima zum Reiten. Allerdings dürfen sie nicht zu weit sein, sonst kann der Reitlehrer den Sitz nicht erkennen, weil alles flattert.

Zu einer Jodpurhose kann man auch Jodpurstiefel tragen. Sie sollten immer einen Absatz haben, damit du nicht durch die Bügel rutschen kannst.

Fürs Gelände trägt Luise die optimale Ausrüstung. Ein Wirbelsäulenschutz gibt Sicherheit im Gelände und beim Springen.

103

AM SCHÖNSTEN IST ES AUF DER WEIDE

Wenn man Pferde fragen würde, wo sie sich am wohlsten fühlen, dann würden die meisten antworten: „Auf der Weide"! Dort können sie den ganzen Tag fressen, sich bewegen soviel sie wollen und mit Freunden Mähne kraulen, sich gegenseitig die Fliegen vertreiben und um die Wette laufen!

Auch Sportpferde, wie dieses, müssen jeden Tag raus. Hochglanzpoliert alleine macht nicht glücklich!

DER OFFENSTALL

Klar sind Pferde am liebsten auf der Weide, aber das geht leider manchmal nicht. Wir haben meist zu wenig Weidefläche und nicht immer dürfen Pferde den ganzen Tag Gras fressen.

Das Zweitschönste – aus Pferdesicht – ist dann sicher die Pferde-WG: der Offenstall.

In einem Offenstall laufen Pferde frei in einem Stallgebäude und einem befestigten Auslauf herum. Sie können selbst entscheiden, ob sie draußen spielen oder sich gegenseitig die Mähne kraulen wollen, oder ob sie im Schutz des Unterstandes dösen wollen.

Egal ob Warmblüter, Kaltblut oder Pony, alle lieben den Weidegang!

Dieser Offenstall kann ein einfacher Unterstand sein, der an drei Seiten geschlossen ist, und den die Pferde immer betreten können. Er bietet ihnen Schutz vor Regen, Hitze oder Schnee. Auch vor lästigen Fliegen im Sommer kann so ein Unterstand Schutz bieten, wenn er mit einem Fliegenvorhang versehen ist.

Wichtig ist übrigens zudem, dass es verschiedene Raufutterstellen gibt. Sonst findet sich schnell ein Herdenchef, der alleine eine Riesenportion Heu verdrückt, während andere etwas schüchternere Pferde nicht viel davon abbekommen.

Wenn alle diese Voraussetzungen stimmen, ist ein Offenstall ein kleines Pferdeparadies mit Freunden und Freilauf.

Die Connemara-stuten genießen das Herdenleben.

105

Reiterspiele Seite – 124

Geländereiten – Seite 116

DIE FÜLLE DEINER MÖGLICHKEITEN

Hast du Lust jeden Tag das gleiche zu spielen? Sicher nicht. So geht es deinem Pferd auch: es braucht Abwechslung, sonst wird ihm langweilig! Du kannst vieles mit deinem Pferd oder Pony unternehmen, guck einmal, was euch beiden am besten gefällt!

Sulky fahren – Seite 122

Cavalettiarbeit – Seite 114

Dressurreiten – Seite 110

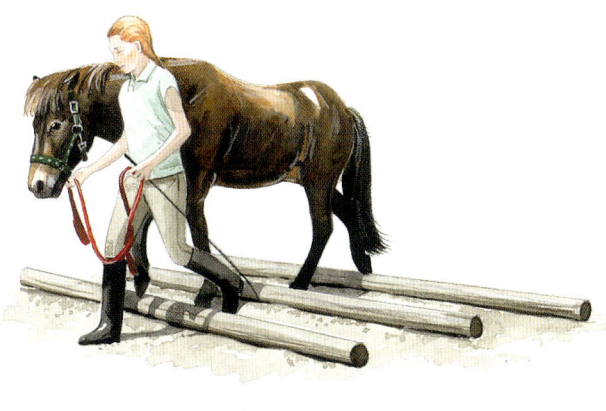

Bodenarbeit – Seite 126

Pflege – Seite 108

Spazierengehen – Seite 120

Ausreiten – Seite 118

Springreiten – Seite 112

GESUND UND GEPFLEGT

Putzen gehört zum Reiten dazu. Sattel und Trense sollen ja nicht auf dem Dreck liegen und scheuern. Aber das Putzen dient nicht nur der Fellpflege, sondern auch der Kontaktaufnahme zum Pferd. Nebenbei kontrolliert man, ob es eventuell kleinere Verletzungen oder Schrammen abbekommen hat, die versorgt werden müssen.

Lass dir Zeit beim Putzen und schau in Ruhe, ob es deinem Pferd gut tut.

Als Erstes wird das Pferd vom groben Schmutz befreit. Mit dem harten Striegel putzt man natürlich nur die weichen Stellen des Pferdes: den Hals, den Bauch und die Kruppe. Stellen, an denen die Knochen direkt unter der Haut zu fühlen sind, also am Kopf, an den Beinen und an der Wirbelsäule, werden vorsichtig mit einer Wurzelbürste gereinigt. Mit einer weichen Kardätsche säubert man den Kopf und bürstet noch einmal mit langen Strichen über das gesamte Fell. Dabei nimmt man den Staub aus dem Pferdehaar und sorgt dafür, dass das Pferd nach dem Putzen

108

richtig glänzt. Die Mähne kann man, je nach Länge, kämmen oder bürsten. Der Schweif wird mit der Hand gepflegt; dazu nimmt man die Haare und entwirrt sie mit den Fingern. Würde man den Schweif bürsten, so würde man viel zu viele Haare ausreißen.

Ebenfalls zum Reiten und Putzen gehört das Auskratzen der Hufe. Sie müssen mindestens einmal täglich kontrolliert werden. Dabei prüft man, ob sich Steine oder Holzstückchen im Pferdehuf festgesetzt haben.

Die Hufe sollten jeden Tag kontrolliert werden.

Auch die Hufeisen werden bei dieser Gelegenheit kontrolliert, und man schaut, ob sich etwa ein Nagel gelockert hat.

Zum Auskratzen der Hufe tritt man seitlich an das Pferd heran und stellt sich mit dem Blick nach hinten auf. Man macht sich bemerkbar und nimmt Körperkontakt auf. Die dem Pferd zugewandte Hand legt man zum Beispiel auf den Rücken und lässt die auf dem Pferd ruhende Hand vom Rücken über die Kruppe langsam am Bein hinuntergleiten. Dann umfasst man mit der inneren Hand das Bein des Pferdes möglichst weit unten. Dazu sagt man laut und deutlich „Fuß" oder „Huf". Sobald das Pferd den Huf angehoben hat, hält man den Pferdefuß an der Fessel fest und reinigt mit einem Hufkratzer vorsichtig den Huf.

FAKTEN

DER HUFSCHMIED

Da die Hufe von Pferden ständig nachwachsen und sich meist dazu noch durch die Belastung beim Reiten ungleichmäßig ablaufen, müssen sie regelmäßig vom Hufschmied kontrolliert und abgeraspelt werden. Der Hufschmied sollte etwa alle 6 Wochen kommen und die Hufe bearbeiten oder neu beschlagen.

DAS DRESSURREITEN

Was ist das eigentlich, „Dressurreiten"? Dressurreiten findet nicht nur auf einem Turnier statt, bei dem bestimmte Übungen präsentiert werden, sondern es dient dazu, das Pferd zu gymnastizieren, so dass es problemlos seinen Reiter tragen kann. Zum Dressurreiten gehören alle Übungen mit denen man die Rittigkeit und damit die Gesundheit des Pferdes verbessert. Deshalb ist das Dressurreiten auch die Grundlage des Springreitens und des Vielseitigkeitsreitens und genau genommen auch des Freizeit- und Distanzreitens. Die gesamte Grundausbildung des Pferdes, das Verbessern der Zusammenarbeit von Pferd und Reiter, das alles gehört zum Dressurreiten.

Auch wenn noch nicht alles perfekt ist, die junge Reiterin befindet sich auf einem guten Weg.

SO NICHT!

SONDERN SO:

*Hier fließt
der Schwung
durch einen
geschmeidigen
Rücken.*

Das dressurmäßige Reiten hat als Ziel, den Körper und
die Psyche des Pferdes so an die Bedürfnisse eines ge-
fühlvollen Reiters anzupassen, dass eine vertrauensvolle,
freundschaftliche Zusammenarbeit mög-
lich ist. Psychologisch bedeutet das,
dass das Pferd den Reiter als Herden-
führer anerkennt; es soll Respekt, aber
keine Angst vor ihm haben. Körperlich
bedeutet das, dass sich ein Pferd so
entwickelt, dass es neben der grund-
legenden Minimalanforderung, die für
jedes gesunde Pferd gilt, disziplinspe-
zifische Erfordernisse erfüllen kann,
wie zum Beispiel als Freizeit-, Spring-
oder Distanzpferd. Diese körperliche
Entwicklung wird von Pferdeausbil-
dern in der klassischen Reitlehre als

Gymnastizierungsprozeß beschrieben. Dressurreiten ist
also KEINE SPEZIALDISZIPLIN, sondern die Grundlage
jeder ernstzunehmenden Form der Reiterei.

Springen ist auch Gymnastik fürs Pferd.

DAS SPRINGREITEN

Springreiten ist eine der klassischen turniersportlichen Disziplinen. Es erfreut sich großer Beliebtheit, weil sportlicher Wettkampf hier besonders viel Spaß macht. Natürlich gelten immer die Kriterien guten Reitens. Besonders hier brauchts du ein vertrauensvolles, durchlässiges, gut gerittenes Pferd.

Es geht ja schließlich nicht nur darum, irgendwie über den Parcour zu kommen. Dein Springpferd muss also wie jedes Dressurpferd

Mit Reitstiefeln hat man mehr Halt und sitzt einfach sicher!

Zum Springen solltest du immer eine Sicherheitsweste tragen.

112

Wenn du einen Parcour springen willst, musst du schon beim Landen zum nächsten Sprung schauen!

gut an den Hilfen stehen und geschmeidig sein.

Als Reiter brauchst du ein gutes Rhythmusgefühl und einen perfekten leichten Sitz.

Dazu gehört noch eine gesunde Portion Mut – ein Hasenfuß wird selten ein erfolgreicher Springreiter! Dennoch: Gerade beim Springreiten ist es wichtig, auch auf die Sicherheit zu achten. Reite lieber mit Sicherheitsweste – und an den Helm denkst du ja sowieso!

*Trabstangen
fördern die Balance
und den Fleiß.*

CAVALETTIARBEIT

Cavalettiarbeit ist nicht nur eine will-kommene Abwechslung im Alltag, sie ist auch wirklich sehr nützlich. Man kann die Cavalettis in allen drei Gangarten nutzen. Im Schritt erleichtern sie es den Pferden, in Deh-nungshaltung zu gehen, sie fördern den Takt und sorgen dafür, dass Pferde sich besser konzentrieren. Cavalettiarbeit verbessert die Losgelassenheit und das Mitschwingen des Rückens sowie die Balance.

FAKTEN

WEIT AUSEINANDER

Die Abstände der Cavaletti betragen:

- Im Schritt: ca. 80 cm
- Im Trab: ca. 1,20-1,40 m
- Im Galopp: ca. 3-4 m

Man beginnt zunächst immer mit flach gestellten Cavalettis. Fortge-schrittene Reiter und Pferden können später aber auch über höher gestellte Cavalettis traben oder galoppieren. Damit trainiert man Schwung und Sprungkraft. Für junge Pferde und Reiter sind Cavalettis auch ein guter Einstieg ins Springen. Im Trab sollten die Cavalettis nicht zu hoch werden, weil du damit riskierst, dass dein Pferd sich im Rücken verspannt und zu „schweben" beginnt.

Zeig deinem Pferd ganz in Ruhe die verschiedenen Hindernisse.

DAS GELÄNDEREITEN UND DIE VIELSEITIGKEIT

Die Vielseitigkeit wurde früher auch Military genannt. Vielseitigkeit ist eine Disziplin, bei der man eine Dressuraufgabe, einen Springparcours und eine Geländestrecke absolvieren muss. Pferd und Reiter sind in dieser anspruchsvollen Disziplin wahre Multitalente – mit enormem Springvermögen und besonders viel Mut! Denn vor allem die Geländestrecken sind sehr schwer zu reiten, auf denen die Pferde nachgebaute Naturhindernisse überwinden, Abhänge herabspringen, feste Hindernisse bewältigen und ins Wasser springen müssen.

*Wir trauen uns!
So ein Sprung
über ein festes
Hindernis
erfordert Mut!*

Der Geländeritt ist für den Reiter und seinen Partner Pferd eine echte Herausforderung. Beide müssen topfit sein: deshalb gehört zu einer Turnierprüfung der Vielseitigkeitsreiter immer die sogenannte Verfassungsprüfung. Hier prüft der Tierarzt, ob das Pferd auch wirklich fit und gesund ist und auf die Geländestrecke darf. Die Geländestrecken sind nicht nur wegen der Sprünge anspruchsvoll – die Streckenlänge, auf der in der Regel durchgaloppiert wird, erfordert Ausdauer und Kraft!

FAKTEN

DIE DISZIPLIN DER VOLLBLÜTER

Die Vielseitigkeit ist die Parade-Disziplin der Vollblutpferde und der Warmblüter mit hohem Vollblut-Anteil. Ihre Ausdauer, aber auch ihr Springtalent und ihr Mut, macht die Vollblüter zu den Gewinnern der großen Wettkämpfe.

*Lass uns etwas
zusammen
unternehmen!*

DAS AUSREITEN

Ausreiten gehört zu den schönsten Dingen, die man mit seinem Pferd unternehmen kann! Egal, ob man gemütlich durch die Wälder bummelt oder flott über die Wiesenwege trabt: draußen ist es immer schön!

Aber natürlich gibt es im Gelände auch ein paar Dinge zu beachten. Ein Ausritt beginnt immer im Schritt, die Pferde müssen draußen genauso in Ruhe warm geritten werden, wie zum Beispiel bei der Dressurarbeit. Unterwegs darf man dann ruhig traben und galoppieren, wenn der Boden gut genug dafür ist und man keine Fußgänger oder Radfahrer behindert. Wenn man denen begegnet, sollte man nämlich zum Schritt durchparieren. Schritt ist auch die Gangart, die man reitet, wenn man in die Nähe von Straßen kommt, sonst wird es schnell gefährlich! Außerdem reitet man natürlich immer im Schritt zurück zum Stall: oder möchtest du, dass dein Pferd oder Pony das nächste Mal schon von alleine im vollen Galopp zu seinen Freunden zurück rennt?

Übrigens, es gibt außer der Vielseitigkeit noch eine weitere Disziplin im Gelände. Wer richtig lange Strecken in kurzer Zeit zurücklegt, ist ein Distanzreiter. Geritten werden Strecken von 25-160 Kilometern. Die Distanzreiter versuchen die vorgegebene Strecke möglichst schnell zu bewältigen, doch Tempo ist hierbei nicht alles: Unterwegs wird nämlich immer wieder die Gesundheit des Pferdes durch einen Tierarzt kontrolliert und gewinnen kann nur, wessen Pferd wirklich fit und nicht überfordert ist.

FAKTEN

SICHERHEIT

So schön es draußen auch ist: Denk immer an deine Reitkappe und trage möglichst eine Sicherheitsweste. Sicherheit geht nämlich vor. Außerdem solltest du nie alleine ausreiten!

Komm, lass uns spazieren gehen!

GRASEN UND SPAZIEREN GEHEN

Pferde brauchen nicht jeden Tag geritten zu werden. Sie freuen sich, wenn sie mal etwas Abwechslung bekommen und man einfach mit ihnen spazieren geht. Es gibt schließlich eine Menge zu entdecken!

Du kannst mit deinem Pferd oder Pony im Wald oder auf Wiesenwegen laufen, und wenn du Lust hast, kannst du sogar mit ihm joggen.

Den Spaziergang mit deinem Pferd kannst du auch

Jungen Pferden kann man schon mal die Welt zeigen, wenn man mit ihnen spazieren geht.

dazu nutzen, ihm Dinge zu zeigen, die es kennen lernen soll. Geh doch mal zu dem Holzstapel, auf dem die gefährlich aussehende Plane liegt, oder seht euch mal den Traktor an. Wenn er steht, könnt ihr ihn euch in Ruhe anschauen, ohne dass dein Pferd erschrickt. Zur Sicherheit solltest du immer einen Erwachsenen mitnehmen. Achte immer darauf, dass du einen sicheren Führstrick benutzt, der sich nicht zu leicht öffnet.

Gerade jungen Pferden kann man sehr gut an der Hand zeigen, was es alles draußen zu entdecken gibt. Dann sind sie beim ersten Ausritt nicht so ängstlich. Dem jungen Hüpfer hilft außerdem ein erwachsener Freund, etwas mutiger zu sein.

Es ist ratsam, Pferde zu Beginn der Weidesaison schon mal ans Gras zu gewöhnen.

*Hier hat auch das Pony aus
deinen jüngsten Kindertagen
noch Spaß mit dir!*

SULKY FAHREN

Wer mit seinem Pferd oder Pony fahren will, sollte sich einen geeigneten Fahrlehrer suchen. Fahrkurse werden von allen Landesreit- und Fahrschulen und von zahlreichen örtlichen Fahrlehrern angeboten. Dort hat man die Möglichkeit die Grundbegriffe des Fahrens zu erlernen und beispielsweise die Fahrabzeichen der FN zu erwerben, die Voraussetzung für die Teilnahme an Fahrturnieren sind.

Beim Fahren gibt es unterschiedlichste Turnierprüfungen:

Beim **Dressurfahren** wird – wie beim Dressurreiten – eine vorgebene Aufgabe in einem Viereck gefahren. Sie besteht aus bestimmten Hufschlagfiguren und Unterschieden in den Gangarten. Diese Prüfungen sind oft die Voraussetzung für das Fahren von weiteren Prüfungen in höheren Klassen. Beim **Marathonfahren** wird eine Strecke zwischen 15 und 18 Kilometern gefahren. Gewertet werden hierbei unterschiedliche Teilstrecken, die in bestimmten Gangarten und Zeiten zu fahren sind. Im letzten Streckenabschnitt befinden sich fünf bis acht Hindernisse, die möglichst schnell zu durchfahren sind. Beim **Hindernisfahren**, das auch Kegelfahren genannt wird, werden Kegel oder Pylonen umfahren. Dabei darf kein Kegel umgeworfen werden, beziehungsweise keiner der Bälle, die auf den Kegeln liegen, abgeworfen werden. Beim **Geländefahren** müssen natürliche und künstliche Geländehindernisse, wie zum Beispiel Brücken, kleine Bachläufe oder enge und kurvenreiche Wege überwunden werden.

Auch beim Fahren gilt: mit Helm ist es sicherer!

FAKTEN
ACHENBACH

Die bei uns gelehrte Fahrlehre stammt von Benno von Achenbach: Zum Fahren nach Achenbach gehören die richtige Achenbachleine, Peitsche und eine bestimmte Anspannungsart.

Reiterspiele fördern die Geschicklichkeit und das Gleichgewicht und machen richtig Spaß.

REITERSPIELE

Reiterrallyes und Reiterspiele bieten Spiel und Spaß für jeden Reiter. Bei einer Reiterrallye muss man meistens im Gelände eine bestimmte markierte Strecke reiten und unterwegs witzige oder schwierige Übungen meistern. Die können darin bestehen, dass man vom Pferd aus Wäsche aufhängt, Bierkisten stapelt oder einen Ball mit einem Hockeyschläger in ein Tor bugsiert. Der Phantasie sind dabei keine Grenzen gesetzt! Bei Reiterspielen finden die lustigen Übungen meist auf einem Reitplatz statt: jeder Reiter bekommt verschiedene Aufgaben gestellt, die er mit seinem Pferd oder Pony lösen muss. Vieles ist ungewöhnlich und das Pferd lernt dabei, seinem Reiter zu vertrauen.

124

Ohne Worte.

Motiviere dein Pferd, aufmerksam zu bleiben!

BODENARBEIT

Bodenarbeit ist etwas, das Pferden oft richtig Spaß macht. Man kann ihnen die verschiedensten Dinge beibringen ohne das ein Mensch auf ihrem Rücken sitzt. Bodenarbeit ist ideal, um Pferden etwas Neues zu zeigen. Dafür eignet sich fast alles, worüber ein Pferd gehen kann oder um was man ein Pferd herumführen kann: es kann lernen über eine Plane zu gehen, sich gleichmäßig um Pylonen zu biegen, vorsichtig über eine Wippe zu laufen, einen Huf in einen alten Reifen oder auf einen Baumstumpf zu stellen, seitwärts über Stangen zu gehen oder rückwärts durch eine Gasse aus Stangen zu treten.

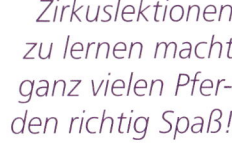

Zirkuslektionen zu lernen macht ganz vielen Pferden richtig Spaß!

DU UND DEIN PFERD

Das, was du mit deinem Pferd machst, muss ihm auch gut tun.

WAS DU BRAUCHST

Das wichtigste ist der Reithelm!

AM SCHÖNSTEN IST ES AUF DER WEIDE

Wenn man Pferde fragen würde, wo sie sich am wohlsten fühlen, würden die meisten antworten: „Auf der Weide"!

DER OFFENSTALL

In einem Offenstall laufen Pferde frei in einem Stallgebäude und einem befestigten Auslauf herum.

DIE FÜLLE DEINER MÖGLICHKEITEN

Auch Pferde brauchen Abwechslung.

GESUND UND GEPFLEGT

Putzen dient nicht nur der Fellpflege, sondern auch der Kontaktaufnahme zum Pferd.

DAS DRESSURREITEN

Dressurreiten dient dazu, das Pferd zu gymnastizieren, so dass es problemlos seinen Reiter tragen kann.

DAS SPRINGREITEN

Die Grundlage für das Springreiten bildet ebenfalls die Skala der Ausbildung.

CAVALETTIARBEIT

Cavalettiarbeit verbessert die Losgelassenheit und das Mitschwingen des Rückens sowie die Balance.

DAS GELÄNDEREITEN UND DIE VIELSEITIGKEIT

Vielseitigkeit ist eine Disziplin, bei der man eine Dressuraufgabe, einen Springparcours und eine Geländestrecke absolvieren muss. Für einen Geländeritt müssen du und dein Pferd topfit sein.

DAS AUSREITEN

Ausreiten gehört zu den schönsten Dingen, die man mit seinem Pferd unternehmen kann!

GRASEN UND SPAZIEREN GEHEN

Pferde brauchen nicht jeden Tag geritten zu werden. Du kannst mit deinem Pferd oder Pony im Wald oder auf Wiesenwegen spazieren gehen.

SULKY FAHREN

Fahrkurse werden von allen Landesreit- und Fahrschulen und von zahlreichen örtlichen Fahrlehrern angeboten.

REITERSPIELE

Bei Reiterspielen gibt es verschiedene Aufgaben, die man bewältigen muss: vom Flattervorhang bis zum Tischdecken mit Pferd.

BODENARBEIT

Bodenarbeit ist ideal, um Pferden etwas Neues zu zeigen.

DIE NEUN ETHISCHEN GRUNDSÄTZE DES PFERDEFREUNDES DER FN

Kennst du die „Ethischen Grundsätze des Pferdefreundes?" Sie wurden 1994 von der Deutschen Reiterlichen Vereinigung e. V. (FN) herausgegeben.

1 Wer auch immer sich mit dem Pferd beschäftigt, übernimmt die Verantwortung für das ihm anvertraute Leben.

2 Die Haltung des Pferdes muss seinen natürlichen Bedürfnissen angepasst sein.

3 Der physischen wie psychischen Gesundheit des Pferdes ist unabhängig von seiner Nutzung oberste Bedeutung einzuräumen.

4 Der Mensch hat jedes Pferd gleich zu achten, unabhängig von dessen Rasse, Alter und Geschlecht sowie Einsatz in Zucht, Freizeit oder Sport.

5 Das Wissen um die Geschichte des Pferdes, um seine Bedürfnisse, sowie die Kenntnisse im Umgang mit dem Pferd sind kulturgeschichtliche Güter. Diese gilt es zu wahren und zu vermitteln und nachfolgenden Generationen zu überliefern.

6 Der Umgang mit dem Pferd hat eine persönlichkeitsprägende Bedeutung gerade für junge Menschen. Diese Bedeutung ist stets zu beachten und zu fördern.

7 Der Mensch, der gemeinsam mit dem Pferd Sport betreibt, hat sich und das ihm anvertraute Pferd einer Ausbildung zu unterziehen. Ziel jeder Ausbildung ist die größtmögliche Harmonie zwischen Mensch und Pferd.

8 Die Nutzung des Pferdes im Leistungs- sowie im allgemeinen Reit-, Fahr- und Voltigiersport muss sich an seiner Veranlagung, seinem Leistungsvermögen und seiner Leistungsbereitschaft orientieren. Die Beeinflussung des Leistungsvermögens durch medikamentöse sowie nicht pferdegerechte Einwirkung des Menschen ist abzulehnen und muss geahndet werden.

9 Die Verantwortung des Menschen für das ihm anvertraute Pferd erstreckt sich auch auf das Lebensende des Pferdes. Dieser Verantwortung muss der Mensch stets im Sinne des Pferdes gerecht werden.

Dieses Heft wurde innerhalb von 10 Jahren bereits weit über 100.000 mal verkauft. Dennoch scheinen viele Reiter die Grundsätze nicht zu kennen.

Dabei sollten sie für jeden selbstverständlich sein.

Wir sollten uns wieder bewusster mit diesen Grundsätzen identifizieren! Reiten ist eine Lebenseinstellung. Unwissenheit trägt auch zu Fehlverhalten bei. Ich hoffe, daß wir mit diesem Buch dazu beitragen, die ethischen Grundsätze der FN wieder ins Bewusstsein der Menschen zu bringen.

LIEBE LESERIN, LIEBER LESER,

Isabella Sonntag, die Verlegerin mit dem großen Herz für Pferde

als junges Mädchen habe ich mit dem Reiten begonnen und dabei immer ein schlechtes Gefühl gehabt. Irgendwie war mir nie klar, wie diese wunderbaren Pferde uns eigentlich tragen können... der liebe Gott hatte sie doch gar nicht dafür geschaffen? Ich habe viele, viele Jahre nach Antworten gesucht, die mir die Gewissheit geben sollten, dass ich meinem Pferd nichts Böses antue, wenn ich es reite. Außerdem war mir auch nie klar, ob wir unsere Pferde wirklich in eine Box sperren dürfen, während sie doch viel lieber mit den Pferdefreunden draußen herumstreifen würden.

Alles in allem kann ich Dir sagen, es hat superlange gedauert, bis ich eine Lösung und eine Antwort auf alle meine Fragen gefunden habe. Und alle diese Antworten stehen in diesem Buch – geschrieben von dem Tierarzt, der für die Pferde spricht. Was sie nicht sagen können, das sagt er!

Damit Du nicht so lange nach Antworten suchen musst, kannst Du mir schreiben. Und weil ich mir dann auch gerne ein Bild von Dir und Deinem Pferd mache, stecke unbedingt ein Foto mit dazu. Wenn Du also nach dem Lesen dieses Buches immer noch wichtige Fragen hast, die Dir niemand vernünftig beantworten kann, dann schick mir Deine Fragen. Ich werde sie bei nächster Gelegenheit mit Dr. Gerd Heuschmann besprechen und sie beantworten! Dasselbe gilt, wenn Deine Eltern Fragen haben, wir wollen wirklich Klarheit schaffen! Du bekommst auf jeden Fall einen Brief zurück. Ehrenwort! Denn Deinem Pferd soll es gut gehen – das ist Deine Verantwortung.

Und bitte denk daran: Höre immer auf Dein eigenes Gefühl und lass Dir von niemandem einreden, dass die Nase von Deinem Pferd auch mal hinter die Senkrechte kann...NEIN! Dort hat sie nichts zu suchen - DEIN PFERD HAT DIE NASE VORN!

Adresse:
Wu Wei Verlag e.K.
Dr. Heuschmann pers.
Seestr. 54
D-86938 Schondorf

Alles Liebe und Gute und schreib mir jederzeit gerne

Isabella

IMPRESSUM

Bibliografische Information der deutschen Bibliothek:
Die Deutsche Bibliothek verzeichnet diese Publikation in der Deutschen Nationalbibliografie. Detaillierte Bibliografische Daten sind im Internet über http://dnb.ddb.de abrufbar. ISBN 978-3-930953-50-9

Autor: Dr. med. vet. Gerd Heuschmann

Herausgeber: Isabella Sonntag, www.wu-wei-welt.com

Projektkomposition: Ellen Ruten

Photos:

Archiv	Seite 16 links, 68 links
Sabine Gistl	Seite 87 rechts
Petra Herrmann	Seite 79, 125, U4
Kathrin Hester	Seite 63, 127
Gerhard Kapitzke	Seite 68 rechts
Guillaume Levesque	Seite 87 links
Prof. Kurt Mrkwicka	Klappe 1
Privat	Seite 5, 42, 110
Katharina Rücker-Weininger	Titel, U2, U3, U4, Klappe 2-4, Seite 16 rechts, 34, 53, 100, 102, 103, 116, 117, 130, Checkliste (Pferd, Stall)
Jacques Toffi/FN-Archiv	Checkliste (Reitlehrer)
Christina Wunderlich	Seite 132

Illustrationen: Katharina Rücker-Weininger, www.ruecker-art.de

Medizinische Illustrationen: Kaja Möbius

Lektorat und Schlußlektorat: Constanze Asmalsky

Projektkoordination und Recherche: Isabella Sonntag

Art Direction: Katharina Rücker-Weininger

Litho und Druck: Memminger MedienCentrum

© 2009   Wu Wei Verlag e.K., 86938 Schondorf
              www.wu-wei-verlag.com

MEHR BÜCHER AUS DEM WU WEI VERLAG

WILLKOMMEN BEI WU WEI

Der Wu Wei Verlag legt größten Wert auf absolut authentische Autoren, die sich in ihrem Fachgebiet durch überdurchschnittliches Wissen auszeichnen.

Der Verlagsname „Wu Wei" stammt ursprünglich von dem chinesischen Philosophen Laotse. Er steht für die Kunst des „Weglassens".

Das taoistische Prinzip Wu Wei bedeutet, durch „Nichttun" zum „Tun" zu gelangen – ohne unnützen Eifer, falschen Ehrgeiz und eigenwillige Absichten.

Isabella Sonntag

Alle Bücher aus dem Wu Wei Verlag erhalten Sie im Buchhandel oder über die Verlagsauslieferung Silberschnur: Telefon +49 (0) 26 87-92 90 01

FINGER IN DER WUNDE

Ein Pferd, das vertrauensvoll und freudig mit dem Reiter kooperiert und seine Hilfen akzeptiert: das ist der Beweis höchster reiterlicher Kunst. Leider sind in den Reithallen und im Dressurviereck oft andere Bilder zu sehen: Da wird gezogen und gezerrt nach dem Motto „der Kopf muss runter"; da werden schon junge Pferde aus falschem Ehrgeiz oder Unwissenheit in Formen gepresst, die ihre Gesundheit nachhaltig schädigen können. Viele der dafür verantwortlichen Reiter, Ausbilder und sogar Spitzensportler behaupten, nach „klassischer Lehre" zu handeln. Leider stecken aber längst nicht immer echter Pferdeverstand und klassische hohe Reitkunst hinter ihren Methoden. Aber wie können Reiter und Pferdeliebhaber erkennen, welche Methoden langfristig schaden und welche gesund sind für ihr Pferd?

Dieses Buch gibt Antworten und liefert Argumente für „falsch" und „richtig" in der Reiterei.

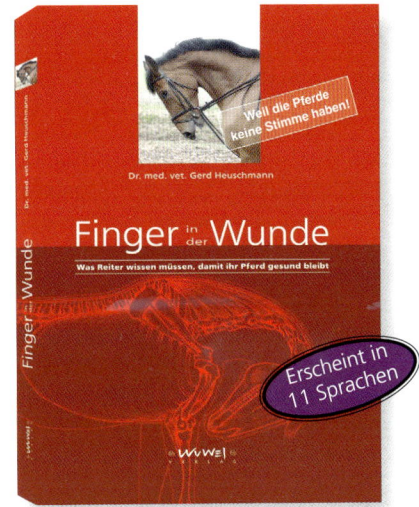

FINGER IN DER WUNDE
von Dr. med. vet.
Gerd Heuschmann,
144 Seiten, farbig illustriert,
ISBN 978-3-930953-20-2,
Preis: 24,80 Euro (D)
              25,50 Euro (A)
              43,60 sFr.
Überarbeitete Neuauflage

DER FILM ZUM BUCH

STIMMEN DER PFERDE

Der Lehrfilm zum Buch, der erstmals in aufwendiger 3-D Animation zeigt wie Muskeln und der Bandapparat bei falschem Reiten strapaziert werden…

Mit einem Vorwort von Hans-H. Isenbart.

Die DVD ist in deutscher und englischer Sprache und es gibt sie in beiden DVD Formaten (PAL/NTSC)

FILM: STIMMEN DER PFERDE
von Dr. med. vet.
Gerd Heuschmann
Länge 70 Min.
ISBN 978-3-930953-41-7
Preis: 49,90 Euro (D)
          50,50 Euro (A)
          87,00 sFr
          59,95 US-$
          69,95Can-$
          39,99 GBP
          85,00 Austral. $

GWENDOLYN

GWENDOLYN
von Hans-G. u. Christa
Lehmann
ISBN 978-3-930953-43-1
Preis: 16,80 Euro (D)
         17,30 Euro (A)
         30,40 sFr

Gwendolyn lebt bei seinen Autoren- „Eltern", den Bildjournalisten Hans-G. Lehmann und Christa Lehmann und mit mehreren Hunden und Pferden am Stadtrand von Hamburg.

In diesem unterhaltsamen Fotobuch für alle Ponyfans - Jung und Alt - erzählt Gwendolyn viele Geschichten aus seinem Leben.

Ohne erhobenen Zeigefinger vermittelt das Buch Kenntnis und Verständnis für das Pferd, für unsere vierbeinigen Erdenmitbewohner insgesamt. Kinder aller Altersklassen erfahren auch viel über den praktischen Umgang mit einem Pferd – über Ponys Hufpflege, über die gründliche Reinigung mit einem speziellen Staubsauger und über eine „Fressbremse", wenn das frische Gras mal wieder zu gut geschmeckt hat.

Der Text ist erfrischend humorvoll geschrieben. Man hört förmlich das nette, gut aufgelegte Pony erzählen. Und die Fotos tun ihr Übriges dazu, um hier ein ebenso gehaltvolles wie unterhaltsames Bild-Text-Buch entstehen zu lassen.

Auch erwachsene Leser werden beim Blättern und Lesen ihre Freude haben.

DER FEUERRITTER –
EIN UNGLAUBLICHES ABENTEUER
AUF SCHLOSS KALTENBERG

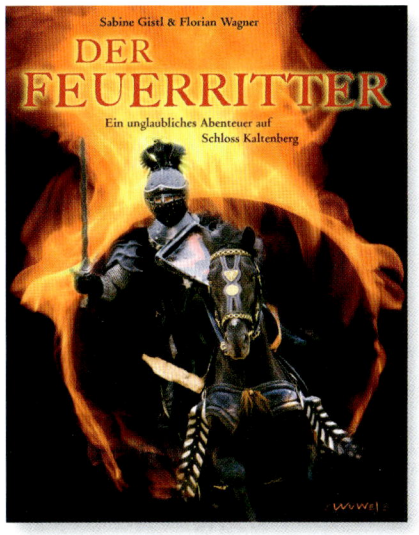

Der siebenjährige Leon ist zu Besuch beim Kaltenberger Ritterturnier. Gerade als er den ersten Blick auf das Kampfgeschehen werfen will, stösst er sich den Kopf und ihm wird schwarz vor Augen.

Als er die Augen wieder öffnet, findet er sich zu seinem großen Erstaunen in dem Körper des bayerischen Ritters wieder. Gemeinsam mit den anderen Rittern soll er nun das Königreich von Ferror, dem schwarzen Feuerritter, befreien.

Dieser treibt sein Unwesen und setzt mit seinen Feuersbrünsten das ganze Volk in Angst und Schrecken. Keiner der anderen Ritter ist jedoch in der Lage, gegen den mächtigen bösen Ritter Stand zu halten. Dann ist Leon an der Reihe, gegen Ferror zu kämpfen.

Wird er es schaffen?

DER FEUERRITTER
Ein unglaubliches Abenteuer
auf Schloss Kaltenberg
von Sabine Gistl u.
Florian Wagner
16,8 x 23 cm, 128 Seiten,
4-farbig
ISBN 978-3-930953-35-8
Preis: 19,80 Euro (D)
            20,40 Euro (A)
            35,20 sFr

137

EINE MÄRCHENHAFTE ERZÄHLUNG NICHT NUR FÜR KINDER!

Elisia, ein kleines rosafarbenes Einhorn, hat seine Eltern verloren und fühlt sich nach einiger Zeit schrecklich einsam. So macht sich die Kleine auf, um die Eltern oder wenigstens andere Einhörner zu finden.

Elisia hat Glück und findet eine Menschenfrau, die sie nicht nur sehen kann, sondern ihr auch die lebensnotwendige Zuneigung und Obdach in ihrem Garten gewährt. Und eines Tages passiert das Unglaubliche: Bei einer Reise mit ihrer Menschenfreundin begegnet Elisia einem Artgenossen…

DIE ABENTEUER
VON ELISIA
von R. von Assel
80 Seiten, gebunden
ISBN 978-3-930953-08-0
Preis: 14,80 Euro (D)
           15,20 Euro (A)
           27,00 sFr

Die Abenteuer von Elisia sind sehr lehrreich und ich konnte sie auf mein eigenes Leben beziehen. Ich war so begeistert von diesem Buch, dass ich es auf englisch übersetzt habe, damit meine Enkelkinder es auch lesen können. Mein Enkel Charly, 12 Jahre alt ist auch begeistert. Ich kann dieses Buch nur empfehlen, für Kinder und Erwachsene. Ich hoffe, dass es bald in englischer Sprache auf den Markt kommt.

aus amazon

LORENZO –
DAS WUNDERKIND IN DER
GROSSEN FAMILIE DER
PFERDEKÜNSTLER

In der großen Familie der Pferde-Künstler nimmt Lorenzo den Platz des Wunderkindes ein. Seine Darbietungen sind wirklich einzigartig, etwa die Stehdressur nach ungarischem Vorbild: Vier Pferdepaare hintereinander, mit denen er im vollen Galopp über eindrucksvolle Hindernisse geht. Dieses Programm – Lorenzo Action – hat er schon in fast ganz Europa gezeigt, jedes Mal sein Publikum im Sturm erobert und zu wahren Begeisterungsstürmen hingerissen.

2005 präsentierte er den Zuschauern des berühmten Pferdefestivals in Avignon, der Crinières d'Or, eine schier unglaubliche Freiheitsdressur mit vier seiner wunderschönen grauen Lusitano-Stuten, die er ohne jedes Hilfsmittel, allein mit seiner Stimme und seinem Instinkt lenkt.

In diesem neuen Programm, Lorenzo Emotion, verbinden sich Poesie und Emotion zu einem Gesamtkunstwerk von besonderem Zauber.

LORENZO
Von Luisina Dessagne &
Robin Hasta Luego
Design: Sabine Gistl,
27 x 29 cm, ca. 148 Seiten
4-farbig mit zahlreichen
Abbildungen
ISBN 978-3-930953-33-2
(Deutsch)
ISBN 978-3-930953-39-4
(Englisch)
Preis: 29,90 Euro (D),
         30,80 Euro (A)
         51,00 sFr
In französischer Sprache
auch direkt bei Wu Wei erhältlich!

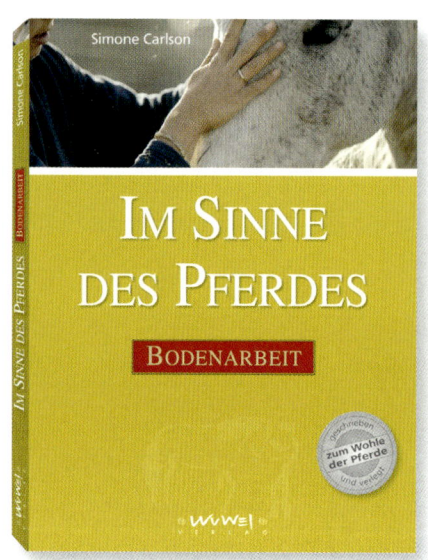

IM SINNE DES PFERDES
BODENARBEIT
von Simone Carlson,
144 Seiten, vierfarbig,
ISBN 978-3-930953-36-3,
Preis: 24,80 Euro (D)
           25,50 Euro (A)
           43,60 sFr

BODENARBEIT FÜR EINE VERTRAUENSVOLLE PFERD-MENSCH-PARTNERSCHAFT

Dieses Buch ist an all jene gerichtet, die nie aufgeben auf der Suche nach noch besseren Möglichkeiten, die Seele der Pferde genauer zu verstehen. Das Bestreben aller sollte immer sein, eine vertrauensvolle Pferd-Mensch-Partnerschaft aufzubauen und uns in die Gefühlswelt unserer vierbeinigen Partner einzuleben. Jedes einzelne Pferd verkörpert eine Persönlichkeit, auf die es einzugehen gilt.

In diesem Buch bekommt man unzählige Anregungen für unterschiedliche Pferdetypen und Ansätze, wie man auch in von der Norm abweichenden Situationen weiter arbeiten und gute Lösungen finden kann.

Begeben wir uns gemeinsam auf den Weg zu einer faszinierenden Beziehung zu unseren Pferden, denn sie geben uns so viel und erwarten dabei so wenig, dass wir es ihnen schuldig sind, unser Bestes zu geben.

S-DRESSUR:
WIE MAN EIN GUTES PFERD
UNREITBAR MACHT

Anhand einer Serie raffiniert ironischer Illustrationen, unterlegt mit klassischen Zitaten, zeigt dieses Buch die Auswirkungen einer schlechten Ausbildung des Pferdes. Vorgestellt werden Praktiken, die sich nicht mehr an der traditionellen, von alten Meistern überlieferten Kultur orientieren, sondern auf ein Repertoire von technischen Tricks zurückgreifen, die weder Psyche noch Körper des Tieres respektieren. Hier also ist die Geschichte von Theodor, ein herrliches Pferd, das aufgrund dieser ungebildeten Reitweise zum Opfer der unfähigen Arroganz seines Reiters und dessen Reitlehrer wird.

Wird es ihm am Ende gelingen, sich von ihnen zu befreien?

S-DRESSUR
von Daniela Piolini
vierfarbig illustriert
Vorwort Philippe Karl
ISBN: 978-3-930953-23-3
Preis: 19,90 Euro (D)
           20,50 Euro (A)
           35,40 sFr

UND SEIT NEUESTEM GIBT ES JETZT
DEN NACHFOLGER:

DIAGNOSE: UNREITBAR!
WIE EIN GEBROCHENES PFERD WIEDER
VERTRAUEN FASST

DIAGNOSE UNREITBAR!
Wie ein gebrochenes Pferd wieder
Vertrauen fasst
von Daniela Piolini, 30 Seiten
Vorwort: Dr. Gerd Heuschmann
ISBN 978-3-930953-51-6
Preis: 16,50 Euro

REFLEKTIONEN

Meine Gedanken zu meinem Reitlehrer, nachdem ich dieses Buch gelesen habe.

_____

_____

_____

_____

_____

_____

_____

_____

_____

_____

_____

_____

_____

_____

_____

_____

_____

Meine Gedanken zu meinem Stall, nachdem ich dieses Buch gelesen habe.

_____

_____

_____

_____

_____

_____

_____

_____

_____

_____

_____

_____

_____

_____

_____

_____

_____

Meine Gedanken zu meinem Pferd, nachdem ich dieses Buch gelesen habe.

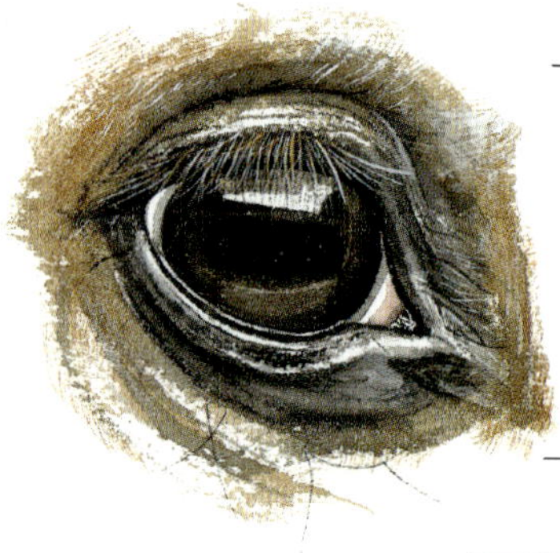

_____

_____

_____

_____

_____

_____

_____

_____

_____

_____

_____

_____

_____

_____

_____

_____

_____